A escolha profissional
do JOVEM ao ADULTO

Dados Internacionais de Catalogação na Publicação (CIP)
(Câmara Brasileira do Livro, SP, Brasil)

Soares, Dulce Helena Penna.
A escolha profissional : do jovem ao adulto / Dulce Helena Penna Soares. 4. ed. - Summus: 2018.

Bibliografia
ISBN 978-85-323-0749-1

1. Orientação vocacional I. Título.

01-4536 CDD-371.425

Índice para catálogo sistemático:
1. Escolha profissional : Educação 371.425

Compre em lugar de fotocopiar.
Cada real que você dá por um livro recompensa seus autores
e os convida a produzir mais sobre o tema;
incentiva seus editores a encomendar, traduzir e publicar
outras obras sobre o assunto;
e paga aos livreiros por estocar e levar até você livros
para a sua informação e o se entretenimento.
Cada real que você dá pela fotocópia não autorizada de um livro
financia um crime
e ajuda a matar a produção intelectual de seu país.

A escolha profissional
do JOVEM ao ADULTO

Dulce Helena Penna Soares

summus
editorial

A ESCOLHA PROFISSIONAL
Do jovem ao adulto
Copyright © 2001 by Dulce Helena P. Soares
Direitos desta edição reservados por Summus Editorial

Ilustração da capa: **Quadro "Muito além", de Dulce Helena P. Soares**
Finalização: **Neide Siqueira**
Editoração e fotolitos: **Join Bureau de Editoração**

Summus Editorial
Departamento editorial
Rua Itapirucu, 613 – 7º andar
05006-000 – São Paulo – SP
Fone: (11) 3872-3322
Fax: (11) 3872-7476
http://www.summus.com.br
e-mail: summus@summus.com.br

Atendimento ao consumidor
Summus Editorial
Fone: (11) 3865-9890

Vendas por atacado
Fone: (11) 3873-8638
Fax: (11) 3872-7476
email: vendas@summus.com.br

Impresso no Brasil

Sumário

Prefácio 9

Introdução 13

1 A pessoa que escolhe 19
    O jovem 19
    O adulto 32

2 A escolha 39
    A possibilidade da escolha 39
    Os fatores que interferem na escolha 44

3 A influência da família 74
    O projeto profissional 74
    Fatores familiares 78
    Fatores psicológicos 88
    A escolha profissional possível 94

4 A profissão 96
    Profissão ou trabalho? 96
    O desenvolvimento da carreira 106
    A empregabilidade e a globalização 111

5 A facilitação da escolha 118
  A orientação profissional 118
  A reorientação profissional 143

6 As técnicas para orientação e reorientação profissional ... 161
  Os objetivos 163
  As técnicas 165

7 Considerações finais 188

Referências bibliográficas 193

Rio Apa e Thor*, pai e filho poetas de Florianópolis, nos dizem em seu *Sermão das vítimas:*

...Ai dos que não trabalham na sua própria arte
No ofício em que são hábeis
Na função que lhes dá prazer
E se entregam sem necessidade a outras profissões
Estranhas às suas mãos e à sua mente

Ai dos que são enganados e traídos pelas recompensas fáceis
Ou por medo e segurança tornam-se escravos dos poderosos
Ai dos que trocam a liberdade pela prisão das riquezas e do poder
Ai dos que abandonam sem necessidade a vida simples dos campos
Pela luta das cidades

Ai de todos nós sujeitos a todas essas traições
Ai dos moços que seguem outras carreiras e não aquelas que mais gostariam
Ai dos homens vítimas deste tempo sem humanidade...

Tenhamos a coragem de parar e olhar para as nossas escolhas
E coerência suficiente para refazê-las quantas vezes forem necessárias
Para que, tendo mais prazer no trabalho que realizamos,
Possamos SER MAIS FELIZES...

---

* Rio Apa e seu filho Thor escreveram e encenavam nas dunas da Lagoa da Conceição em Florianópolis, durante os anos 1980, *Os sermões das dunas — A paixão segundo todos os homens.* A obra, com texto e fotos, foi publicada em 1986 pela Sociedade Antônio Gonzaga, em Florianópolis.

Prefácio

Quinze anos se passaram
desde a publicação do livro
O jovem e a escolha profissional,
minha estréia como escritora...

Ele foi escrito com uma motivação muito especial: redigir uma dissertação de mestrado para ser defendida na Faculdade de Educação da UFRGS em 1985.

Na ocasião, o prof. Augusto Nibaldo Triviños, meu orientador, me dizia: "Dulce, escreva como se fosse um livro, pensando nas pessoas que podem lê-lo. Uma dissertação não pode ficar escondida nas prateleiras de uma biblioteca universitária. É preciso publicá-la".

E foi assim que fiz. Passava tardes e noites do outono/inverno de 1985 escrevendo e imaginando os jovens e seus pais lendo esse livro. Pensava também nos profissionais das escolas, professores, pedagogos e orientadores educacionais, tão carentes de literatura nesta área, naquela época. E também em meus colegas psicólogos, que em seus consultórios recebiam o pedido da "orientação vocacional" e na maioria das vezes só sabiam "aplicar testes" e, como eu, sentiam-se insatisfeitos com esse tipo de trabalho.

O lançamento do livro em Porto Alegre foi muito importante para mim. Amigos, colegas e familiares estavam lá para conferir e prestigiar esse momento. Em Florianópolis, o lançamento foi marcado por uma tempestade, impedindo muitos amigos, colegas e alunos de estarem presentes. Somos sempre tomados pela ansiedade ao apresentar publicamente aquilo que pensamos, bem como a realização de nosso trabalho. Mas foi uma experiência enriquecedora, levando-me a incentivar colegas de diferentes lugares do Brasil a também publicarem. Já sou madrinha (convidada a escrever o prefácio), só no ano 2000, de dois novos livros[1] em Orientação Profissional (Recife e Curitiba), e neste ano de 2001 mais um livro é publicado em Belo Horizonte[2]. Organizei, junto com Marilu Lisboa[3], um livro sobre o trabalho desenvolvido pelo *Instituto do Ser — Psicologia e Psicopedagogia*, publicado pela Summus em 2000.

O presente livro teve uma trajetória particular. Recebi muitas opiniões dos mais variados leitores sobre o livro *O jovem e a escolha profissional*. Ele foi realmente, como eu planejara, lido por um público bastante heterogêneo, e de diferentes maneiras: alguns profissionais e estudantes mais preocupados com a metodologia de grupo que eu apresentava, na época como uma novidade, outros (jovens) mais interessados em compreender como se dá a escolha profissional e alguns pais, ainda, confessaram ler apenas os depoimentos dos jovens, "as frases com aquela letrinha diferente", pois esses testemunhos já ofereciam uma possibilidade de reflexão sobre a própria escolha do leitor.

Agora, 15 anos depois, ex-alunos e novos colegas orientadores profissionais continuam utilizando-se desse livro em seus cursos e seminários teóricos como também em seus atendimentos clínicos e me perguntavam se não seria possível reeditá-lo. Minhas atuais alunas

---

1. Oliveira, Inalda (org.). *Construindo caminhos — Experiências e técnicas em orientação profissional*. Recife, UFPE, 2000. Klein, Elianes; Pigatto, Carmen e Winesky, Rejane — *Orientação profissional no contexto de deficiência auditiva*. Curitiba, Juruá, 2000.

2. Torres, Maria Luiza Camargo. *Orientação profissional clínica*. Belo Horizonte, Autêntica, 2001.

3. Lisboa, Marilu e Soares, Dulce. *Orientação profissional em ação — formação e prática de orientadores*. São Paulo, Summus, 2000.

do Curso de Psicologia da UFSC, que há 15 anos eram meninas de cinco ou seis anos de idade, quando lêem o livro me dizem: "Mas Dulce, nada mudou, continua a mesma coisa!".

É verdade, fiquei surpresa ao reler e ver que a maioria das passagens aqui descritas, sobre a escola, a sociedade e a influência da família, não mudou tanto assim.

Em virtude de tamanha insistência encorajei-me a escrever novamente alguns capítulos e publicar aquilo que tinha de melhor no meu primeiro livro. Acrescentei as modificações necessárias no que diz respeito às mudanças sociais e econômicas ocorridas no final de milênio. Apresento alguns temas novos: como a possibilidade de um trabalho de re-orientação profissional com adultos. E ainda sobre a influência da família, do ponto de vista dos projetos dos pais para os filhos, resultado de minha pesquisa de doutorado apresentada na França sobre esse tema.

E o título precisou mudar, mostrando que atualmente não são somente os adolescentes que se encontram perdidos nesse mundo repleto de informações e exigências. Os adultos também nos procuram e precisam ser orientados em suas carreiras.

Florianópolis, 2001

Introdução

O objetivo principal, ao escrever este livro, é mostrar a importância do tema:

A Escolha de Uma Profissão

Todos decidimos, estamos a toda hora fazendo escolhas e por que não parar para pensar NESTA que, se não é a mais importante, é imprescindível em nossas vidas?

A primeira motivação para realizá-lo surgiu da experiência prática em Orientação Profissional realizada no Centro de Orientação e Seleção Psicotécnica (Coesp) da Universidade Federal do Rio Grande do Sul, em 1982.

No dia-a-dia com os adolescentes, eu sentia uma necessidade cada vez maior de compreender o motivo que os levava a decidirem por esta ou aquela profissão, a fim de poder auxiliá-los nesse momento.

Esse interesse ampliou-se e passei a conversar com pessoas das mais diversas profissões; questionava sobre o motivo de elas terem escolhido a sua profissão, como estavam se sentindo no desempenho do seu trabalho, se realizadas ou não. Constatei que a escolha era um tema muito mais complexo do que eu podia imaginar, envolvendo uma série de determinantes ainda não discutidos e sistematizados de uma forma integrada, na literatura da área.

Preocupava-me a própria questão da orientação profissional. É POSSÍVEL ORIENTAR? QUEM SOU EU PARA ORIENTAR ALGUÉM NA SUA ESCOLHA? COMO REALIZÁ-LA DE FORMA MAIS COERENTE COM A REALIDADE EM QUE VIVEMOS?

Observei um grande número de jovens universitários insatisfeitos com suas escolhas. As universidades federais recebem numerosas solicitações de trancamento de matrícula, troca de curso; além disso, muitas pessoas abandonam o curso. Observei também profissionais de nível superior trabalhando em outras atividades, profissionais desempregados insatisfeitos.

O problema assumiu uma dimensão muito maior, e o interesse em desvendá-lo levou-me a propor uma estratégia de intervenção prática como tema da dissertação de mestrado, realizada no período 1982-1985. Apresento o relato desse trabalho somado a toda experiência acumulada até o presente momento. Espero poder colaborar para um questionamento maior sobre essa ocasião tão importante na vida das pessoas — a escolha da sua profissão.

Sempre esteve presente pensar na relação HOMEM—TRABALHO. O trabalho ocupa um espaço muito importante na vida das pessoas e, muitas vezes, ele não é sequer escolhido. As idéias e os questionamentos aqui propostos poderão ser utilizados em qualquer trabalho psicológico que tenha como objetivo intervir nessa problemática.

Se a psicologia for entendida de acordo com as três áreas, clínica, escolar e organizacional, este estudo traz elementos importantes que contribuirão para um aprofundamento da questão em qualquer uma dessas abordagens*.

Na escola poderá ser utilizado como base para intervenção, auxiliando o jovem a escolher sua futura profissão consciente das possibilidades reais. Tanto pais como professores e orientadores têm um papel importante nesse momento.

Nas organizações, as idéias aqui apresentadas contribuem para avaliar a relação homem—trabalho, sendo importante refletir sobre a

---

* Ver o capítulo "As diferentes abordagens em orientação profissional". In: Lisboa, Marilu Diez e Soares, Dulce Helena. *Orientação profissional em ação — formação e prática de orientadores*. São Paulo, Summus, 2000.

escolha realizada, seus determinantes e suas conseqüências no planejamento e na reorientação da carreira.

Na clínica, poderão ser aprofundados os conflitos referentes às implicações da escolha e sua relação com a satisfação ou não no trabalho, o sentimento de prazer ou de alienação em relação a ele e suas conseqüências na saúde mental e psicológica do cliente.

Entendo a psicologia como sendo de natureza essencialmente social, por isso vejo a importância de ter presente a relação homem—trabalho, pois é por intermédio dele que o homem realiza o seu projeto social e atua na sociedade, construindo a história, desenvolvendo a cultura.

A profissão é parte integrante da vida das pessoas. Em geral, em nossa sociedade, a escolha deve ser feita na juventude, entre 16 e 18 anos, quando se encerram os cursos de ensino médio e se busca uma formação universitária.

O presente estudo apresenta esse momento de escolha de um curso superior, tentando levantar alguns fatores que interferem em tal decisão. Abordarei também a possibilidade de uma reorientação de carreira com adultos.

Refere-se à experiência com clientes que buscam o Laboratório de Informação e Orientação Profissional (Liop) — www.liop.ufsc.br —, vinculado ao Serviço de Atendimento Psicológico (SAPSI) da UFSC, em que a autora tem atuado durante quase 20 anos.

A importância da nova publicação desse trabalho deve-se ao fato de essa ter sido a primeira sistematização de uma estratégia de ação grupal e de uma compreensão do tema de maneira mais compatível com o nosso momento sociocultural. Constata-se a necessidade de abordar o problema da orientação profissional dentro de um referencial mais abrangente, isto é, não se limitando apenas à problemática psicológica de motivação, interesses e aptidões, mas levando em conta todos os outros fatores presentes no momento da escolha.

Embora a escolha profissional seja responsabilidade de cada um, as conseqüências da decisão têm inúmeras implicações sociais. Uma pessoa que exerce sua profissão com motivação está não só se realizando como também prestando um serviço de melhor qualidade à sociedade.

Apresento uma proposta de atuação em orientação profissional para conscientizar os jovens e adultos dos fatores presentes no seu processo de escolha profissional, mediante duas frentes:

1. Proposta de um referencial teórico, que responda às questões próprias do nosso meio social, político e econômico e referentes a essa pessoa (jovem ou adulto) concreta, cliente de nossos serviços de orientação e reorientação profissional:
   - a partir do entendimento desse processo — sob o ponto de vista da pessoa;
   - e a partir da discriminação dos fatores que interferem nessa escolha — sob o ponto de vista social.

2. Proposta de um plano de intervenção prática que auxilie o jovem e o adulto a pensar no seu processo de escolha e que possa ser utilizado como referencial pelos profissionais que atuam na área:
   - a partir de sugestões de técnicas e procedimentos (planejamento por encontros);
   - e da evidência da importância do trabalho em grupo.

POR QUÊ?
PARA QUÊ?
COMO?
O QUE ME LEVOU A REALIZAR ESTE ESTUDO?

Resolvi investir neste tema porque na prática com os jovens sentia-me insegura quanto ao meu papel de psicóloga. Perguntava: quem sou eu para estar aqui influenciando na decisão desta pessoa?; Que instrumentos eu tenho para me auxiliar?; Em que referencial teórico devo me basear? Junto com toda essa confusão, surgia um interesse cada vez maior em descobrir, em auxiliar, em participar desse momento.

Um papel se definia, não de orientador, mas sim de FACILITADOR, de alguém que, por já ter pensado nisso há mais tempo, tem condições de auxiliar a pensar; é, auxiliar a pensar! Esta vem sendo a minha proposta.

O ingresso no Curso de Mestrado em Educação, em 1982, levou-me a aprofundar algumas questões mais gerais do sistema educacional, e a relação possível de ser estabelecida com minha prática enriquecia mais o meu pensar. Resolvi então realizar a dissertação com esse objetivo: pensar no que estava fazendo, aprimorando a intervenção prática e sistematizando algumas idéias teóricas sobre o tema.

Foram realizados dois grupos de orientação profissional, com o objetivo de atender as pessoas que estavam a eles recorrendo e registrar o seu andamento. O primeiro realizou-se em oito encontros de grupo, que precisaram ser interrompidos no segundo momento (quando seriam realizadas as entrevistas individuais), por causa da greve nacional das universidades federais — de maio a agosto de 1984. Ao final da greve o trabalho já havia sido prejudicado pelo longo período de paralisação, levando-me a criar um novo grupo. O segundo grupo desenvolveu-se em seis encontros, todos gravados e transcritos, sendo finalizado a contento. Estes foram realizados no SAPSI e contavam com a presença de uma estagiária de psicologia desempenhando o papel de observadora participante, discutindo suas impressões com a coordenadora no final de cada encontro.

O produto desse trabalho está aqui apresentado. São reflexões, fruto de um pensar num dado momento histórico, econômico e político no Brasil: início dos anos 1980. São reflexões feitas por alguém que também passou por todo esse processo há poucos anos. Sinto-me produto de uma formação universitária restrita, marcada pela repressão e pelo autoritarismo. Acho importante ressaltar esses pontos, pois eles definem um aqui-e-agora que não pode ser desconsiderado, se quisermos entender o que significou essa publicação naquele primeiro momento.

O presente estudo foi escrito, inicialmente, durante o primeiro semestre de 1985. Início da Nova República. Tempo de muita expectativa e esperança de mudança! Parte das idéias aqui expostas deverá ser repensada à medida que ocorram transformações sociais significativas, principalmente no que diz respeito à política educacional deste país.

Num segundo momento, ele foi escrito no ano 2000, após mais de 15 anos de experiência na supervisão de estagiários curriculares do Curso de Psicologia da UFSC, coordenando grupos de orientação e reorientação profissional no Serviço de Orientação Profissional.

Cabe ressaltar ainda que se trata de uma experiência limitada, pois foi realizada somente em Santa Catarina. A população pesquisada limitou-se apenas àqueles jovens e adultos que buscam a orientação profissional, como auxílio na escolha de uma profissão, em geral de nível superior.

Entre 1992 e 1996 desenvolvi uma tese de doutorado sobre o tema "Escolha profissional: projeto dos pais & projeto dos filhos"[*], defendida na Universidade de Strasbourg e publicada em 1977 pela Editora Du Septentrion, na França. Nessa ocasião pude descobrir que os pais elaboram projetos para o futuro profissional de seus filhos e também os avós têm um papel importante nesse momento.

O convívio com os vestibulandos e universitários, as discussões sobre a escolha profissional de cada um e sua futura realização levaram-me a perceber a importância da realização deste trabalho para um número cada vez maior de jovens e adultos.

A constatação do número de pessoas que trocam de cursos universitários e às vezes até de profissão, a quantidade de pessoas que estão alienadas do seu trabalho, vivem reclamando e mostrando-se sofredoras nessa situação, as "mancadas" ou erros profissionais por negligência, má vontade e desmotivação para o trabalho levaram-me a dar conta da importância da divulgação deste trabalho para que um maior número de pessoas possa tomar contato consigo mesmas e com a realidade que as cerca.

A conscientização da realidade em que vivemos, e da qual "sofremos", nunca se completa, e por isso se devem encorajar novas descobertas nessa área...

---

[*] Soares, Dulce Helena Penna. *Choix professionnel: projet des parents — projet des adolescents*. Tese de doutorado em Psicologia, 1996. Université Louis Pasteur, Estrasburgo I. Publicada pela Editions du Septentrion, Presses Universitaires, em 1997, França.

1

A pessoa que escolhe

Escolher faz parte da vida de qualquer pessoa. Desde que nascemos estamos sempre escolhendo: o que queremos comer ou não, qual roupa iremos vestir. Então, se já estamos acostumados a escolher, por que quando se trata de escolher um trabalho, um "fazer" profissional, sentimos tantas dificuldades?

O processo de escolha inicia-se na adolescência, período de busca de si mesmo, busca de uma identidade, período de crises e questionamentos. É um período da vida muitas vezes chamado de nascimento existencial, em que muitos aspectos da identidade adulta já começam a ser definidos, como a sexualidade, a vida afetiva e a escolha de uma profissão.

A idade adulta chega quando, enfim, encontra-se essa identidade mediante uma profissão e um relacionamento afetivo. Parece tão simples: ficamos adultos por meio de um trabalho e da formação de uma família. Só que está cada vez mais difícil encontrar este "ideal" de adulto ou "adulto ideal".

Estamos sempre escolhendo, e cada momento evolutivo tem suas características próprias, que serão apresentadas a seguir.

O jovem

Quem é este jovem que precisa escolher uma profissão? É aquele menino que até poucos dias atrás só se preocupava em jogar futebol e praticar esportes? É aquele menino que só queria ficar jogando

19

videogame no computador? É aquela menina que se envergonha quando alguém observa as alterações do seu corpo? Ou aquela menina que sonha em ser modelo e poder desfilar nas passarelas de "New York" ou Paris?

Esse jovem está em fase de transição. De um lado seus interesses de criança; de outro, o mundo dos adultos. Seu comportamento imaturo muitas vezes reflete que ele ainda é uma criança, outras vezes mostra-o decidido e cheio de razão como se fosse um adulto.

Considerando a *adolescência* um fenômeno psicossocial, constatamos a influência dos fatores psicológicos e socioculturais no início e no término dessa etapa evolutiva. A Organização Mundial da Saúde define, em função de seus objetivos, a adolescência como o período compreendido entre os 10 e 20 anos e a divide em duas fases: a primeira dos 10 aos 16 anos e a segunda dos 16 aos 20 anos.

Para alguns autores, a adolescência é composta de três etapas, de início e fim não muito precisos, em que algumas características se confundem e outras não, e *flutuações* progressivas e regressivas se sucedem, se alternam ou executam um movimento de *vaivém*:

- A adolescência inicial (de 10 a 14 anos) é caracterizada, basicamente, pelas transformações corporais e as alterações psíquicas derivadas desses acontecimentos.
- A adolescência média (de 14 a 15 ou 17 anos) tem como seu elemento central as questões relacionadas à identidade sexual.
- A adolescência final (de 16 a 20 anos) tem vários elementos importantes, entre os quais o estabelecimento de novos vínculos com os pais (de menos dependência e menos idealização), a questão profissional, a *aceitação* do novo corpo e dos processos psíquicos do *mundo adulto*.

Essa divisão em idades é totalmente arbitrária, pois nos defrontamos com adolescentes antes dos 10 anos, assim como depois dos 20 anos. Alguns critérios a serem utilizados para caracterizar o *final* da adolescência (na verdade, é difícil afirmar se existe final da adolescência...) poderiam estar relacionados à possibilidade de o jovem estabelecer uma identidade estável; aceitar sua sexualidade e se ajustar gradativamente ao papel sexual adulto; tornar-se independente dos pais e fazer a escolha de uma carreira ou encontrar uma *vocação*.

Nessa fase de transição sua relação com o mundo é marcada por inseguranças e medos que levam a uma tentativa de auto-afirmação em suas atitudes. Muitas vezes rebela-se e enfrenta os adultos para lhes mostrar, bem como para os colegas e para si mesmo, que *ele pode*, que *ele sabe*.

Outras vezes, mostra-se muito idealista, imaginando-se poderoso e que realizará coisas que vão mudar o mundo, melhorar a sociedade e fazer com que a felicidade até exista!

O jovem e a escola

A escola não tem estimulado o processo de autoconhecimento, interiorização e reflexão pessoal no jovem. Em sala de aula, não são discutidas questões como: quem sou eu?, o que quero?, do que gosto?, por que gosto?, como me sinto realizando algo? etc. São tratados apenas conteúdos teóricos de biologia, física, química e matemática, principalmente, porque estes são os mais valorizados socialmente... *pois são os que caem na prova do vestibular...*

Essa escola, que deveria preparar para a vida e para o trabalho, para o que mesmo ela está preparando? Para a vida e para o trabalho não é. É para o vestibular? Até poderia ser, se todos tivessem acesso à universidade, se não fossem somente 10% dos candidatos aprovados nas universidades públicas e gratuitas. Estudar, então, para quê?

Os jovens sentem-se desamparados em relação à escola, já que esta não responde, na maioria das vezes, às suas necessidades de participação no mundo social, político e econômico.

Os professores nem sempre se encontram bem preparados, egressos de uma universidade que também não está mais respondendo às necessidades sociais em constantes transformações. Então, o que acontece são aulas carentes de ligação com a prática, em que a matéria é transmitida de forma mecânica e o jovem a decora para as provas e conseqüente aprovação no final do ano, sem maior envolvimento ou interesse em realmente aprender.

Para que estudar? De que adianta saber que a fórmula química da água é H_2O ou que $F = m \cdot a$, isto é, força é igual a massa vezes aceleração? Essas perguntas, entre tantas outras, o jovem se faz a todo momento. Não encontra na escola respostas para essas inquietações. Não vê sentido no seu estudar, não vê aplicação desse conhecimento na sua vida cotidiana, estuda de maneira alienada e sem motivação.

Algumas vezes o jovem espera poder aplicar seus conhecimentos posteriormente, exercendo uma profissão. Não raro, jovens com facilidade e gosto pela matemática pensam seguir a engenharia. Outros, só porque gostam de biologia, optam por medicina. Ao ingressarem no curso superior, alguns jovens se dão conta de que não basta apenas gostar de uma matéria específica para ter sucesso numa profissão, é preciso muito mais... Essa visão linear da escolha não leva necessariamente a uma satisfação profissional, pois ela sempre está ligada a uma motivação pessoal, um gosto, um interesse por realizar determinadas atividades.

O fato de querer estudar, ou não, é uma decisão pessoal, forjada no social. Não se consegue obrigar alguém desmotivado a estudar, pois é inútil. É uma decisão da pessoa que está diretamente envolvida, afinal é ela quem vai empregar grande parte de seu tempo exercendo aquela profissão. O relato de uma jovem nos mostra como pode acontecer isso:

Quando eu tinha 15 anos eu queria ser costureira, porque gosto muito de costurar. Depois resolvi estudar e conhecer coisas novas e pensava que com a costura não poderia alcançar isso. No momento em que a gente escolhe uma coisa, a maior parte do tempo da gente vai para aquilo. Eu continuo costurando, só que nos domingos e feriados, quando eu não preciso trabalhar ou estudar. (Helena)[*]

Muitas vezes o jovem desvaloriza suas próprias capacidades dizendo *não sei fazer nada* ou *não sirvo para nenhuma profissão*. Quando são propostos trabalhos que desenvolvam ou que simplesmente coloquem à prova suas reais habilidades, observa-se neles um processo de conscientização de suas potencialidades e a conseqüente alegria de se sentirem capazes. Esse fato comprova a possibilidade de o jovem realizar atividades diferentes e assumir a responsabilidade sobre elas, sentindo-se mais feliz e valorizado nessas ocasiões. É só experimentando fazer algo que podemos avaliar se somos capazes ou

---

[*] Os textos em itálico são depoimentos de jovens coletados durante os grupos de Orientação Profissional realizados pela autora no período 1982-85.

não de fazê-lo. Como diz o provérbio chinês: "Escuto e esqueço, vejo e me lembro, faço e compreendo".

O gosto pelo estudo é algo que deveria ser estimulado na escola. Não o estudo obrigatório para a prova no final do mês, mas colocando o conhecimento e a pesquisa como um desafio para os jovens, em que o seu interesse particular fosse respeitado e valorizado. Experimenta-se o prazer ao descobrir coisas novas quando estas respondem às questões que nos motivam e para as quais estamos procurando respostas.

A questão de estudar para o vestibular também se coloca sob este ponto de vista. Com que entusiasmo um jovem vai passar todo o seu dia, sua semana, e mais os finais de semana, estudando, se não tem claro ainda *o que quer ser*, para que profissão precisa preparar-se?

Eu não gosto de estudar, eu não sei se sou preguiçoso ou se é pelo fato de não saber o que quero. Gosto é de ler... (Giuliano)

Para que estudar se o que eu quero ser não tem curso universitário? Eu quero ser fotógrafo jornalístico... (Pedro)

Essa questão também suscita no jovem um sentimento de culpa muito grande, dificultando até mesmo o processo de decisão. Como escolher uma profissão que não tem um curso *oficial* que prepare e forme para entrar no mercado de trabalho? Como e onde aprender a ser fotógrafo jornalístico? Observa-se que, de uma maneira geral, o jovem mostra-se curioso e interessado em conhecer o mundo em que vive. É lastimável que a maneira *obrigatória* como é colocado o estudo na sua vida, por intermédio da escola, muitas vezes leve-o a afastar-se cada vez mais do estudo.

Existem jovens que passam várias horas do dia lendo, desde literatura em geral até assuntos específicos de seu interesse pessoal. Muitas vezes conhecem tanto sobre determinado assunto que, para se tornarem profissionais, só faltaria um treinamento prático sob a orientação de uma pessoa especializada. Em geral esse conhecimento não é valorizado, pois não possui o aval socialmente estabelecido, ou seja, um diploma concedido por qualquer instituição reconhecida naquele saber.

Conhecimento específico, adquirido mediante leituras pessoais, não é considerado relevante no momento de ingresso na universidade.

Por exemplo, um jovem que se interesse por eletrônica, tenha um conhecimento razoável adquirido por meio de revistas especializadas e participação em cursos não encontra espaço para demonstrá-lo no momento da seleção para ingresso na faculdade pretendida. Observamos com freqüência jovens que conhecem profundamente o mundo da informática, navegam sem dificuldades na internet, conhecem programas de computadores e quando ingressam no curso superior de informática ou ciências da computação se decepcionam, muitas vezes por saberem mais do que os seus próprios professores. São os *autodidatas*, cada vez mais numerosos principalmente nessa área.

A dimensão temporal da escolha

A escolha da profissão implica uma dimensão temporal que precisa ser integrada e percebida pelo jovem.

Escolher o que se quer ser no futuro implica reconhecer o que fomos, as influências sofridas na infância, os fatos mais marcantes em nossa vida até o momento e a definição de um estilo de vida, pois o trabalho escolhido vai possibilitar ou não realizar essas expectativas.

Rubens Alves (1984: 5,6), quando fala *da inutilidade da infância*, observa como essa questão está presente desde cedo na vida das pessoas:

> O pai orgulhoso e sólido olha para seu filho saudável e imagina o seu futuro.
>
> "Que é que você vai ser quando crescer?"
>
> Pergunta inevitável, necessária, previdente, que ninguém questiona.
>
> "Ah! Quando eu crescer, acho que vou ser médico!"
>
> A profissão não importa, desde que ela pertença ao rol dos rótulos respeitáveis que um pai gostaria de ver colados ao nome de seu filho (e ao seu, obviamente)... Engenheiro, diplomata, advogado, cientista... Imagino · outro pai diferente, que não pode fazer perguntas sobre o futuro. Pai para quem o filho não é uma entidade que "vai ser quando crescer", mas que simplesmente é, por enquanto... É que ele sofre de leucemia e, por isso mesmo, não vai ser médico, nem mecânico e nem ascensorista. Que é que seu pai lhe diz? Penso que o pai, esquecido de todos "os futuros gloriosos" e dolorosamente consciente da presença física, corporal da criança, se

aproxima dela com toda a ternura e lhe diz: "Se tudo correr bem, iremos ao jardim zoológico no próximo domingo..."

É, são duas maneiras de se pensar a vida de uma criança. São duas maneiras de se pensar aquilo que fazemos com uma criança. (Alves, 1984: 5)

O autor nos apresenta a questão do ser-fazer, isto é, somos na medida em que fazemos algo por nossa sociedade, sendo úteis, produzindo. Desde cedo essa idéia já vem sendo incutida na cabeça das crianças. No momento da escolha profissional, esses condicionamentos estão funcionando e devem ser analisados com o jovem para ver em que medida tal questão o está influenciando: por exemplo, a necessidade de ter um diploma para entregar aos pais, para sentir que está fazendo algo por eles.

Portanto, as expectativas das pessoas quanto ao seu futuro estão carregadas de afetos, esperanças, medos e inseguranças; não somente seus, como também os de seus familiares mais próximos. Em geral existe a idéia da felicidade ligada à profissão escolhida. Os jovens nos dizem: "Eu quero escolher uma profissão que me faça feliz..." ou "Busco uma certeza que me faça sentir um dia feliz e realizado...".

Essa dimensão da felicidade diretamente relacionada com o futuro traz no momento da escolha um peso muito grande, e nem sempre o jovem está em condições de avaliar. Relacionam-se a esta inúmeras projeções feitas desde o seu nascimento, sugerindo que a felicidade ainda não existe, e só existirá a partir desse futuro. A criança que irá ao zoológico com o pai no domingo não está muito mais feliz do que aquela outra, esperando ser médica para ser feliz? Creio que Alves tem razão ao nos dizer como esse pai responderia:

Ele dá risadas. Adora o jardim zoológico. E está mesmo criando uns peixes, num aquário. Você não imagina a alegria que ele tem, quando nascem os filhotinhos. De noite nós nos sentamos e conversamos. Lemos histórias, vemos figuras de arte, ouvimos música, rezamos... Você acha que tudo isso é inútil? Que tudo isso não faz uma pessoa? Que uma criança não é, que ela só será depois que crescer, que ela só será depois de transformada em meio de produção? (Alves, 1984: 6)

Segundo Bohoslavsky, o que o adolescente vai buscar

[...] é algo que se relaciona com a realização pessoal, a felicidade, a alegria de viver etc. como quer que isso seja entendido. Os psicólogos estão acostumados a ver o que o adolescente é. O adolescente se preocupa mais com o que ele pode chegar a ser... a pessoa não é senão o que procura ser... (Bohoslavsky, 1981: 49)

Analisando todos esses posicionamentos vemos como a relação com a temporalidade é muito complexa. O importante é que ela deve, de alguma forma, ser compreendida pelo jovem em questão.

O momento da escolha é um presente que irá definir um futuro a partir das referências passadas da pessoa, integradas nesse momento presente. O presente é passageiro, é um instante, porque ele sempre estará realizando um futuro que já foi planejado anteriormente. O presente logo passa a ser passado, pois ele já foi vivido pela pessoa.

Colocar-se como temporalidade permite ao orientando compreender-se não como resultado causal de seu passado, mas como possibilidade de vir a ser a partir do que é. A retomada que faz do passado, em função do futuro, para significar um presente, permite compreender a decisão como liberdade, compreendida esta como quebra do determinismo (passado e futuro). (Pimenta, 1984: 55)

Para entender melhor essa questão, apresentamos o diagrama abaixo, juntamente com a explicação que nos fornece o seu autor, Moffatt (1982).

O futurar-recordações organiza em nós a sucessão histórica, pois, quando essa recordação, "lançada" no futuro, chega a se tornar presente, reconhecemo-nos os mesmos que a lançamos "lá adiante" e temos, portanto, o sentimento de continuidade do eu, em que o eu sido (passado), o eu (presente) e o eu por ser (futuro) pertencem ao mesmo núcleo do eu que se desloca pelo tempo. Na contradição dialética entre o passado e o presente, a síntese é o futuro. (Moffatt, 1982: 28)

O jovem está passando por um período de reconhecimento de sua identidade. O *eu sou* ainda não está bem definido, e talvez nunca venha a estar completamente, visto que em nossa sociedade, em que o sentido de viver está mais voltado para o externo, é difícil as pessoas virem a se conhecer completamente. O processo de alienação, determinado pelo capitalismo, impede esse exercício de interiorização e reflexão da vida. Então, o futuro é que vai definir quem *eu serei*. O único referencial do eu é sempre o *eu fui*, pois *quem sou eu* está em fase de transição e reconstrução.

O processo de submissão no qual o jovem está inserido, sem precisar com freqüência resolver coisas importantes na sua vida, como escolher a escola na qual quer estudar, leva-o a sentir-se surpreso ante a necessidade de escolher. Vejamos o que nos diz este jovem:

Quando a gente é pequeno todo mundo fala: tu dá bem para isso ou, eu vou ser isto, e, de repente, quando chega na hora mesmo, aquela certeza que a gente tinha na infância e fez com que a gente parasse de se preocupar dá um choque!! Eu com 13 anos achava que seria agrônomo, só fui pensar nisso de novo na hora que estava preenchendo o cartão de inscrição. (Giuliano)

Segundo Bohoslavsky (1981), o futuro implica desempenhos adultos e se trata de um futuro personificado. Não há um adolescente que queira ser um engenheiro, *em geral*, ele quer ser como tal pessoa, real ou imaginária, que tem tais e quais possibilidades ou atributos e que, supostamente, os possui em virtude da posição ocupacional que exerce.

Com 12 anos eu resolvi ser engenheiro porque eu conhecia um amigo de meu pai com muito dinheiro, viajava muito, tinha uma mulher muito bonita e ele era engenheiro. Sempre via ele chegando e saindo e pensava: Um dia eu quero ser como ele! Agora, estou na engenharia e não é isso que eu quero. Posso compreender, o que eu gostava era da posição daquele homem e não da engenharia, na verdade eu nem sabia bem o que era. (Fernando)

Aliado ao sentimento de surpresa, existe também o sentimento de *urgência* na tomada de decisão. Observa-se nos Serviços de Orientação Profissional um número grande de jovens que procuram uma orientação nas vésperas da inscrição, buscando uma resposta imediata, desiludindo-se quando percebem a impossibilidade disso. Ocorrem casos extremos nos quais o jovem chega algumas horas antes de se encerrar o horário da inscrição com o cartão na mão, solicitando a aplicação de um teste para dizer a profissão a ser escolhida.

Essa questão da urgência na orientação foi analisada por Courel (1975: 86), referindo-se ao perigo de o orientador, inconscientemente, estabelecer-se como um especialista da imediatez e, como tal, condenar-se a uma ação sempre superficial e, portanto, irrelevante para a sociedade. Dizia uma jovem:

[...] a gente não pensa antes, a gente coloca na cabeça uma coisa e de repente chega a hora e a gente vai pensar, é isso mesmo que eu quero? E aí vem aquela insegurança e o medo de errar. (Mariana)

Courel salienta também que:

[...] a situação de urgência constitui um eixo importante da ideologia, pois perante a urgência é necessário que o enfoque ocupe um tempo limitado. A assistência clínica num tempo limitado, somada à crise aguda do sujeito, descarta a possibilidade de que este conheça ou tome conhecimento dos múltiplos processos subjacentes às suas incertezas. Em suma, estes poderão ser-lhe descritos ou assinalados, mas a elaboração psicológica não será possível. (1975: 88)

A escolha, portanto, dá-se nesse clima de urgência na tomada da decisão. O fato de o jovem sentir que *perde* o ano se não fizer o vestibular lhe é passado socialmente por toda a estrutura familiar e social, pelos amigos, colegas e professores.

Isso leva o jovem a sentir-se muito culpabilizado perante a família e o grupo de amigos, se ele resolver não fazer o vestibular porque não sabe ainda qual profissão seguir, e assim ter mais tempo para decidir-se. Ou ainda por querer ser um profissional sem precisar fazer um curso superior, como esta jovem:

Eu gostaria mesmo é de ser cabeleireira. Já fiz um curso e adoro cortar os cabelos das minhas amigas. Mas vou fazer vestibular para medicina, talvez seja pediatra, pois meus amigos jamais me aceitariam se eu não fizer vestibular. (Carla)

Os jovens, ao procurarem a orientação profissional, mostram-se muito apressados; em geral é o seu primeiro vestibular, e ainda não pensaram no assunto. As inscrições para os vestibulares das universidades federais acontecem no início do segundo semestre letivo, levando muitos jovens a se sentirem surpresos ao precisar escolher *tão cedo*, uma vez que o vestibular é só no final do ano. Outros, entretanto, já na universidade, mas insatisfeitos, consideram importante destinar um período para pensar melhor nessa decisão. Este jovem nos diz o seguinte:

Acho que tem suas vantagens de repente a gente cair numa dúvida, entrar num curto-circuito tem suas vantagens. Esses gênios, que ganhavam prêmio Nobel, eles sempre tiveram uma crise na infância, ou eram retardados, na juventude tinham problemas e de repente eles explodem, eles lutam com mais vontade para atingir um objetivo, alguma coisa de mais força. (Fernando)

Triviños (1984: 39) nos diz: *"[...] milhares de anos viveu a humanidade sem a pressão da necessidade urgente, premente, de aprender um ofício"*. Atualmente, então, como se sente o jovem diante dessa pressão? Como escolher com tanta pressa, em meio a tantas informações?

O fato de decidirem-se com mais conhecimento de si mesmo e do mundo do trabalho traz uma motivação e um interesse muito maior pela atividade a ser desenvolvida. Em geral esse tempo gasto para pensar e refletir proporciona um amadurecimento maior do jovem em relação a si mesmo e à escolha realizada.

A questão da identidade

Responder à pergunta "quem sou eu?" seria suficiente para definir a identidade de alguém? Segundo Ciampa:

> [...] nos satisfazermos com a concepção dada a essa pergunta é pouco, insatisfatório... Ela capta o aspecto representacional da noção de identidade (como produto), mas deixa de lado seus aspectos constitutivos, de produção, bem como as implicações recíprocas desses dois aspectos. Dizer que a identidade de uma pessoa é um fenômeno social e não natural é aceitável pela grande maioria dos cientista sociais. (1984: 65)

A identidade é formada nas relações estabelecidas entre pessoas que desempenham papéis sociais importantes na vida de cada indivíduo, como pais, parentes, amigos, professores etc. Desde criança já nos identificamos, consciente ou inconscientemente, assumindo e experimentando papéis que vão servir de base para o estabelecimento da identidade futura.

> A identidade é gerada sobre três pontos: grupos, processos de identificação e esquema corporal, e se traduz numa série de antíteses: o sentimento de quem se é e quem não se é; quem se quer ser e quem não se quer ser; quem se crê que deva ser e quem se crê que não se deva ser; quem se pode ser e quem não se pode ser; quem se permite ser e quem não se permite ser da totalidade das quais surgirá, ou não, uma síntese. (Bohoslavsky, 1981: 66)

Podemos falar das várias especificidades da identidade: identidade sexual, identidade vocacional, identidade profissional. Deve-se ter presente a existência de uma interação contínua entre fatores internos e externos à pessoa. Em alguns momentos a dificuldade em assumir sua identidade sexual pode levar a uma dificuldade em assumir a identidade profissional também, pois ambas estão interligadas. Por exemplo, esse jovem nos relata:

> *Eu faço engenharia porque meu pai pediu que eu fizesse. Na minha família os homens são engenheiros, e as mulheres seguem*

profissões ligadas ao Direito. Eu queria fazer Direito, para seguir a carreira de diplomata, mas meu pai me deserda se eu deixar a engenharia. (João Luiz, 2º ano de Engenharia)

A busca da integração entre essas diversas facetas da identidade pessoal dá-se quando o jovem vem solicitar auxílio na escolha da profissão. O que ele está querendo é alguém para lhe ajudar a definir quem ele quer ser e quem ele não quer ser. Por exemplo, se ele chega com a dúvida entre seguir medicina ou arquitetura, sua ansiedade maior é o conflito emergente em relação à escolha de quem ser mediante algo que fazer (a profissão). Está buscando integrar sua identidade pessoal (ser) com a profissional (fazer).

Bohoslavsky (1975: 63) diferencia a identidade vocacional da identidade profissional. Para este autor a identidade vocacional expressa as variáveis de tipo afetivo-motivacional, enquanto a identidade profissional mostra o produto da ação de determinado contexto social sobre a identidade vocacional.

A identidade vocacional estaria determinada pelos conflitos inconscientes e sua possível elaboração pelo sujeito. Responde geralmente às seguintes questões: por que, para que e como uma pessoa chega a escolher determinada profissão?

A identidade profissional está determinada pelos aspectos socioeconômicos e políticos de um país, isto é, pela ideologia que permeia todas essas relações. Em geral responde às seguintes questões: quando?, onde?, com quê?. A maneira de quem? Pode-se observar o quanto essa identidade está definida pelo social, pelas relações estabelecidas pelo jovem com pessoas importantes para ele, e este pode vir a reforçar ou negar as características básicas de sua identidade vocacional.

As profissões dos pais influem de forma decisiva na maneira como o jovem representa o mundo do trabalho. A formação da identidade profissional estará relacionada com a sua percepção da satisfação ou insatisfação de seu pai no seu trabalho. Um jovem admirava o pai, mas de tanto escutá-lo reclamar de sua profissão passou a não gostar dela também; mais tarde, quando pôde avaliar por si só o que ela realmente significava para ele próprio, ficou surpreso:

Gostava de ser professor mas meu pai (um professor) vivia reclamando dessa ocupação e me dizendo: "Podes ser qualquer coisa, menos professor, porque ganha mal". Hoje eu vejo que não é tão ruim assim quanto ele dizia. Isso me fez fugir da profissão de meu pai que eu admirava. (Giuliano)

A partir do estudo deste tema e da experiência prática, constata-se a importância da família na formação da identidade vocacional e profissional do jovem. A própria identidade alcançada pelos pais no exercício diário de seus trabalhos influi na percepção do jovem.

A participação da família no processo de escolha profissional do jovem é de fundamental importância. Diversos profissionais de OP costumam chamar os pais para entrevistas iniciais e/ou finais, com a autorização e participação do jovem. Esse procedimento tem trazido resultados muito bons e deve ser realizado sempre que possível.

No mundo atual, o ADULTO também tem procurado a orientação profissional para redefinir sua vida profissional.

O adulto

O que é ser adulto?

A definição do que é ser adulto, para diferentes autores, em geral está relacionada à condição de ter um trabalho e uma família. Segundo Super & Bohn:

> [...] o compromisso com uma profissão (ou com a família) torna-se mais definido com o realismo produzido pela modificação das aspirações para a utilização de capacidades e para a busca de canalização de interesses num mundo que já é, então, mais bem compreendido. Essa fase é conhecida como o estágio do *estabelecimento*. A *permanência* do que foi estabelecido é a próxima fase, que muitas vezes tem suas exceções através da perda da posição alcançada pela pessoa por causa de doença, acidente ou trans-formação tecnológica. (1972: 92)

Lidz (1973) considera esse período *os anos intermediários* quando as pessoas atingem a maturidade, tendo adquirido habilidades, conhecimento e segurança necessários para firmar-se em suas carreiras e vidas de família. A meia-idade é um período de auto-avaliação e talvez de reorientação, ocorrendo ao redor dos 40 anos. É em geral um período de fruição, mas muitas vezes uma época de entrar em acordo com o caminho que a vida de uma pessoa está seguindo.

Segundo essas definições o adulto é o indivíduo que conquistou uma afirmação de si mesmo pela vida afetiva no casamento e na família e possui uma estabilidade mediante o desempenho de uma profissão.

Mas podemos nos perguntar: os adultos que conhecemos são assim tão *certinhos*? A vida familiar e o trabalho trazem todo esse equilíbrio que deveríamos ter para sermos considerados adultos? Muitos teóricos dividem a idade adulta em três momentos:

- Adulto jovem, de 20 a 35/40 anos — caracteriza-se pela afirmação por meio da profissão e do relacionamento afetivo. O idealismo do adulto jovem está em criar um mundo melhor e um desejo de modificar este mundo.
- Adulto médio, de 35/40 a 60/65 anos — caracteriza-se por desempenhos responsáveis, pela educação de novas gerações; é um período de realizações e frustrações. O tempo futuro é limitado, e a realização dos planos do passado é estabelecida segundo prioridades.
- Idoso, mais de 65 anos — caracteriza-se pelas perdas da capacidade física, pelos problemas relativos à aposentadoria, a doenças e à morte. Está ligado à perda do trabalho e às conseqüências da aposentadoria.

Essas faixas etárias apontadas não são rígidas, porém apenas tentativas de enquadrar o desenvolvimento do ser humano de acordo com limites temporais. Segundo Mosquera:

[...] a década dos quarenta representa para o adulto a ocasião na qual pode olhar tanto para o passado como para o futuro. Existe uma avaliação crítica da vida e se colocam em julgamento os benefícios da experiência e significado pessoal. Com cinqüenta anos, a capacidade física decresce e devem ser abandonadas atividades que antes faziam parte do repertório do comportamento. O adulto tem consciência do que é, e olha as novas gerações como continuadoras do seu trabalho. Aos sessenta anos de idade, o adulto prepara-se para receber sabiamente a aposentadoria de maneira madura, de modo a deixar com as pessoas mais jovens responsabilidades e desempenhos sociais. (1978: 56)

É assim tão simples e tão fácil ser adulto e preparar-se *sabiamente* e de *maneira madura* para a aposentadoria? Será que neste mundo "virtualizado", em que as aposentadorias precoces acontecem a partir dos 45 anos, podemos pensar em deixar para as pessoas mais jovens as responsabilidades sociais?

Os anos intermediários

Os anos intermediários são marcados por uma série de acontecimentos que atingem diferentemente homens e mulheres.

Um grande número de mulheres com filhos e que, antigamente, se dedicavam tão-somente a sua educação estão trabalhando. Muitas vezes o casal decide ter filhos mais tarde para que a mulher possa integrar-se ao mercado de trabalho. Outras, esperam os filhos crescerem para começar a trabalhar. A mulher é a responsável pelo sustento da família, em geral em famílias monoparentais, que representam um terço das famílias brasileiras.

Os homens até os 35/40 anos muitas vezes ainda não alcançaram o topo da carreira que eles almejam e por isso continuam a buscá-lo, estabelecendo marcos no caminho para sua meta e as datas que esperam alcançá-los.

Segundo Lidz (1973), a meia-idade é apropriadamente uma época de satisfação, quando os anos de esforço alcançam fruição. Contudo ela é quase sempre anunciada como *crise ou transição da meia-idade*, em que ocorre um interlúdio de auto-avaliação e inquietação. É iniciada por uma consciência de que os anos de pico da vida estão passando.

Quando a vida transcorreu bem, quando as ambições e expectativas não excederam o potencial, ou quando as modificações das metas para cima ou para baixo foram feitas de acordo com a realidade, os anos intermediários podem trazer *grandes satisfações*. A maioria das pessoas está no seu alto potencial.

Outras pessoas devem aceitar os limites de realização e não se tornarem amarguradas e deprimidas sobre o que consideram reconhecimento inadequado do que fizeram ou de suas qualidades pessoais. Devem também ser capazes de desfrutar do prestígio adquirido e aceitar as responsabilidades que o acompanham.

Segundo Lidz (1973), a meia-idade é um período de consideráveis *mudanças físicas*: o cabelo vai se tornando grisalho ou esparso, aparecem as rugas etc. Lenta, mas seguramente, compreendem que seus corpos já não respondem mais às suas exigências sem *ranger*. Para o homem, a ameaça de morte súbita por enfarte. Para a mulher, a chegada da menopausa e a perda da capacidade gerativa, fundamental para a auto-estima. Os problemas surgidos da má saúde muitas vezes criam dificuldades bastante reais, podendo perturbar temporária ou definitivamente o curso de uma vida ou exigir reorganização no planejamento de uma carreira.

Para Lidz (1973), um bom casamento proporciona grande segurança porque os dois parceiros estão certos da afeição da pessoa mais importante para ele ou ela. Eles não têm de fingir ou ir além de si próprios, ou encontrar novos relacionamentos significativos, mas podem sentir-se acomodados um com o outro. Agora, os filhos têm mais probabilidade de serem fontes de prazer do que de preocupação.

Esses anos podem também apresentar um teste severo para o casamento, já que os filhos não constituem mais o foco principal das atenções, e os cônjuges estão novamente entregues a si sós, dependendo grandemente um do outro para manter seu casamento e suas vidas significantes, depois da passagem de 20 ou 30 anos juntos.

Entretanto, nem todas as pessoas se casam. Algumas preferem permanecer solteiras e outras ficam solitárias sem o desejar, algumas têm empecilhos inconscientes ou razões não admitidas para permanecerem solteiras. O número de viúvos e de divorciados aumentou significativamente nesta última década, e um menor número de mulheres encontra novos cônjuges.

Podem também ocorrer *mudanças de emprego* durante a meia-idade, com freqüência causando problemas de ajustamento. Muitos perdem o emprego em razão da crescente automação e acabam não sendo bem-vistos em campos para os quais não foram treinados, muitas vezes resistindo pessoalmente ao retreinamento para se adequar ao novo mercado de trabalho. Outros permanecem desempregados, sendo obrigados a encontrar outras *saídas* profissionais, pela prestação de serviços, consultorias ou abrindo o seu próprio negócio.

A aposentadoria

O que significa aposentar-se?

Ao aposentar-se o indivíduo experiencia um processo de inatividade, isto é, precisa lidar com perdas, gerando conflito entre sua capacidade produtiva (que ainda existe) e o estigma de *não-ação* cobrado pela sociedade — o aposentado *não precisa fazer nada*. Assim, o aposentado vê-se desprovido de um lugar e, ao mesmo tempo, é substituído por alguém com todas as capacidades de que ele foi obrigado a abdicar ou que teve de reprimir. Esse conflito se repercute também em casa, onde ele passa a ocupar um lugar permanente, a estar mais tempo presente, fato que não ocorria com tanta freqüência, pela incumbência anterior de trabalhar para sustentar a família.

Santos (1990) estudou a influência da aposentadoria na identidade pessoal. A aposentadoria é a perda do papel profissional, logo, o afastamento do sistema de produção. Mas ela é também reorganização espacial e temporal na vida do sujeito, confrontação com a velhice e o momento de reorganização da identidade pessoal. Se o sujeito organiza sua vida em função do trabalho, quais são os mecanismos adaptativos por ele utilizados no momento de mudança dessa situação? Como ele reorganiza e recentraliza seus papéis? A aposentadoria representa um momento no qual o sujeito deve repensar e redefinir sua vida ao mesmo tempo que deve assumir sua velhice e o estigma de ser *inativo*.

Santos (1990) pesquisou cem sujeitos (50 homens e 50 mulheres) em Recife, aposentados, antigos assalariados e representativos de diferentes níveis de qualificação profissional da zona urbana. Ela elaborou um guia de entrevista contendo 70 questões divididas em quatro grupos: dados de identificação, vida profissional, tempo livre e aposentadoria. A autora concluiu que existem duas maneiras de encarar a aposentadoria:

- a primeira como crise — mediante a recusa em aceitar essa situação ou a volta ao trabalho por sobrevivência; e

- a segunda como liberdade — pela assistência aos familiares ou por meio da busca do prazer pelo lazer.

Dessas duas modalidades, os primeiros continuam trabalhando, em geral na mesma atividade profissional, ou podem procurar outra ocupação, visando a uma melhor condição de vida, pois os vencimentos de aposentados não permitem que se sustentem. Esses indivíduos têm dificuldade em aceitar a aposentadoria e por isso continuam trabalhando, embora sejam eles os que mais necessitariam de um apoio nessa época de crise; todavia a recusa em aceitar a aposentadoria os impede de procurar ajuda.

Os indivíduos da categoria liberdade sentem-se livres, fazem projetos de futuro, em geral ligados à sua expansão pessoal e muitas vezes voltam a estudar. É um momento especial em suas vidas, em que muitas vezes buscam *realizar* o que sempre sonharam mas, por diferentes motivos, não puderam fazer anteriormente.

Para finalizar, deixo a seguinte questão:

- No mundo atual, *o que é ser adulto*, com todas essas mudanças tecnológicas transformando todos os tipos de relacionamentos em RELAÇÕES VIRTUAIS? Mundo em que a internet media as relações não só no mundo do trabalho, mas também nossa conta no banco e nossas relações com familiares e com amigos mais distantes pelo correio eletrônico.
- E, após cumprirmos nossa missão de ter participado da construção deste mundo, o que significa a aposentadoria para cada pessoa? Como se preparar para ser aposentado e feliz?

Descobrindo que sempre é possível escolher de novo,
e fazer tudo aquilo que sempre tivemos vontade de fazer e
nunca pudemos realizar...

Nossa tarefa está firmada fundamentalmente por uma luta pela tomada de consciência.

LUTA: porque existem inimigos: no sistema, nos sujeitos, em nossos instrumentos conceituais e técnicos, em nós mesmos.

CONSCIÊNCIA: mas consciência de quê?

De nossa condição de sujeitos, daquilo que nos determina...

Consciência de que nada se realiza em um país não realizado, de que não existe projeto pessoal independente de um projeto social.

Rodolfo Bohoslavsky

2

A escolha

Ao falarmos de *escolha profissional* é fundamental definir o que se entende por escolha, se ela é possível e em quais condições. A escolha de uma profissão ocorre em geral na adolescência e muitas vezes significa a *entrada no mundo adulto*. Mas a vida profissional é *recheada* de outras escolhas; estamos sempre escolhendo, desde a especialização, o mestrado, a continuação dos estudos, o local de trabalho, até o tipo de vínculo empregatício, ou seja, se procuramos um emprego ou trabalhamos por *conta própria*. Por não acreditar em uma única escolha, nem na escolha certa para o restante da vida, é importante entendermos, então, como se faz a MELHOR ESCOLHA POSSÍVEL PARA AQUELE MOMENTO E EM DETERMINADAS CONDIÇÕES.

A possibilidade da escolha

É possível escolher? Existe LIBERDADE DE ESCOLHA? Quando ela acontece? Todos são livres de maneira igual? Ou uns são mais livres do que outros? Como se pode avaliar os graus de liberdade de cada pessoa?

Estas e outras tantas questões estão presentes sempre ao se iniciar um trabalho com pessoas em busca de auxílio no momento de escolha.

Liberdade relativa, liberdade com limites, escolha com consciência dos determinantes, luta contra estes, a fim de realizar mudanças, pessoais e sociais... Como se situar dentro de todas essas questões?

Ter consciência daquilo que nos determina e, a partir dessa consciência, escolher... essa é a possibilidade mais viável de se trabalhar em orientação profissional.

O problema é *como* alcançar essa consciência. É possível levar outras pessoas a terem consciência a respeito desses fatos? Uma intervenção psicológica, com encontros de discussão e debates em grupos, pode auxiliar nessa tomada de consciência?

O homem pode escolher dentro de um leque de opções oferecidas pelo sistema econômico e delimitadas pela classe social a qual pertence e pelas influências familiares. Portanto, nesse espaço se insere a orientação profissional.

Acreditar no homem como sujeito de sua própria vida, isto é, como ser capaz de realizar o seu projeto de vida, de determinar sua história pessoal dentro de uma história social, é nossa postura de trabalho.

Sendo assim, a liberdade de escolha existe. Um jovem pode escolher, entre 120 cursos universitários, qual ele deseja fazer. Talvez ao aprofundarmos o conhecimento sobre a sua situação histórico-pessoal venhamos a descobrir que somente cinco, dentre estes, são apoiados por sua família. Se esse jovem vier a descobrir por que deve ou não aceitar essa determinação familiar, terá novamente todas as 120 possibilidades de escolha.

Outra questão importante é escolher seguir ou não os estudos universitários. Para determinada classe social, e para determinadas famílias em especial, não seguir os estudos é uma possibilidade inexistente; o jovem é praticamente *obrigado* a prestar o vestibular. Se não, o que ele vai fazer? Como ingressar no mundo do trabalho sem uma formação anterior? Mas, ao se questionar esse aspecto, torna-se claro muitas vezes o seu desejo de ingressar diretamente no mundo profissional, fazendo outro tipo de formação, direto na prática, *aprender fazendo*. Ser livre, considerando dada situação real — creio ser esta a possibilidade mais palpável da liberdade de escolha. Nos fala uma jovem:

Eu gostaria de estudar agronomia, mas para isso preciso deixar a casa dos meus pais e mudar-me para outra cidade. Meus pais não são favoráveis a essa idéia por acharem ser muito cedo para eu sair de casa. Vou fazer biologia por enquanto, na federal, e depois eu resolvo, quando já estiver formada. (Mariana — tem apenas 16 anos e é a filha mais velha).

Podemos nos perguntar: foi uma escolha livre? E a influência dos pais, nesse caso, não foi decisiva? Essa pessoa escolheu a situação com o maior número de vantagens naquele momento. Preferiu permanecer em casa, pois ela também não se sentia preparada o suficiente para enfrentar a vida sozinha fora de casa. Moreno nos diz que:

> [...] em duas pessoas estruturalmente idênticas ainda existe um elemento de escolha e decisão que pode operar para determinar as manifestações da conduta e do comportamento. (1978: 102)

A busca da orientação por parte do jovem é com freqüência carregada de ansiedade, determinada pelo conflito inerente à escolha. Ao se escolher uma profissão está se deixando de lado outra, a não escolhida, e, num primeiro momento, esta não terá condições de ser realizada. A liberdade de escolha está diretamente relacionada ao nível de resolução desse conflito, isto é, quanto menos ansiosa for a escolha, mais livre podemos dizer que ela é, pelo menos dos determinantes psicológicos.

Bohoslavsky (1981) apresenta a questão da elaboração do luto pelas coisas deixadas para trás, sem a possibilidade de escolha. Em geral aquilo que deixamos de escolher provoca mais dor do que o fato de escolher algo ou alguma coisa. Muitas vezes o problema maior está aí, em saber deixar, em saber perder, em saber aceitar as limitações de *não poder ter tudo, ao mesmo tempo e com a mesma intensidade.*

Em nossa sociedade capitalista, está subjacente em qualquer programa de televisão, na propaganda e na publicidade a possibilidade de se poder tudo, de se fazer tudo, bastando para isso querer. Transmite-se a falsa idéia de o capitalismo oferecer mil oportunidades de escolha, mas a realidade é bem oposta. As possibilidades de escolha estão totalmente determinadas por este mesmo capitalismo, pela condição da classe social a qual pertencemos que nos transmite uma série de expectativas de padrões de comportamento e de consumo.

Escolher uma profissão não significa que, no outro extremo, nos espera a meta pretendida (ser determinado profissional *com sucesso*). Para se chegar ao objetivo final, um longo caminho precisa ser percorrido. E para se ter motivação para enfrentá-lo, é importante fazer *"[...] a escolha mais livre possível, pelas pessoas, de sua vida futura"* (Bohoslavsky, 1981: 18).

Mas como saber o que seria essa escolha mais ou menos livre? Como entendê-la? *"[...] que margem de liberdade possível poderia a pessoa resgatar na produção de seu projeto?"* (Bohoslavsky, 1981: 19).

Essa margem de liberdade passa pela conscientização dos fatores determinantes dessa escolha. Só a partir dessa consciência a pessoa poderá definir-se com mais autonomia e segurança.

É possível estar consciente dentro do contexto social no qual vivemos à custa de um grande esforço e, por que não dizer, sofrimento. Muitas vezes as pessoas mais conscientes lutam para modificar o ambiente em que vivem e as regras sociais das quais estão à mercê. E nesse processo todo se exige muita força de vontade, empreendimento e luta.

> [...] Na fenomenologia existencial o homem livre é o que é capaz de superar os condicionamentos da situação, pois que ele não é o resultado dos condicionamentos... o homem é capaz de superar os seus condicionamentos por sua subjetividade... A liberdade não é, pois, a negação dos condicionamentos, mas sim a superação destes. A liberdade de opção não se coloca apenas quando há várias alternativas, mas também quando há apenas uma: aceitar ou negar essa alternativa. (Pimenta, 1984: 56)

O homem, sendo visto como sujeito de sua própria vida, é capaz de comportar-se nas diversas situações, aceitando, rejeitando e tentando mudar. Apesar de todos os determinantes das escolhas da pessoa, acreditamos ser possível definir-se por uma situação ou por outra: aceitar, rejeitar ou tentar uma terceira alternativa criativa, de mudança. Segundo Bohoslavsky, *"[...] quando os caminhos são claros, não escolher é escolher"* (1975: 18).

Auxiliar a pessoa a ter clareza dos caminhos possíveis em determinado momento de vida é a função do orientador profissional de jovens e adultos.

Na situação de escolha deve estar consciente a necessidade do reconhecimento de que toda liberdade humana é uma liberdade situada, uma liberdade enquadrada no real, condicionada ou relativa porque pensar numa liberdade absoluta implicaria desconhecer que determinado grau de obediência aos determinismos sociais e certa forma de dependência constituem uma propriedade de toda existência social. (Bohoslavsky, 1975: 39)

Venho buscar uma definição entre a arquitetura e a medicina, porque gosto de desenhar e também de biologia, dos seus aspectos referentes ao corpo humano. (Thiago, 18 anos)

No processo de orientação profissional os jovens têm a oportunidade de constatar essa possibilidade de escolha relativa, é claro! Nesse caso, já existem determinantes presentes quando este jovem *decide* cursar a universidade. Muitas vezes isso já é um fato dado, pois não é sequer questionado pela família ou mesmo pela escola. Mas a definição entre medicina ou arquitetura cabe a este jovem. Atuamos para que ele se decida, de maneira mais ou menos autônoma, pela profissão com a qual ele mais se identifica. Segundo Bohoslavsky:

Existem basicamente dois níveis de determinação na escolha do indivíduo: a estrutura do aparelho psíquico e a estrutura social, sobrepassando sobre elas a dialética dos desejos, as identificações e as demandas sociais. (1981: 18)

A estrutura do aparelho psíquico diz respeito às determinações inconscientes, isto é, às experiências de vida, gratificantes ou frustrantes, pelas quais todos passam. A maneira como são vivenciados os impulsos básicos também vai fazer parte de nossa bagagem psicológica. A história vivida na família e toda a formação da identidade são marcantes e definem gostos e interesses.

Quanto à estrutura social, estão presentes desde a classe social na qual nascemos, seus valores, anseios, desejos, sua necessidade de ascensão social e seus aspectos culturais. É possível então escolher? Dentro de que rol de opções se pode escolher?

Os graus de liberdade possíveis aumentam quanto maior é o reconhecimento das determinações. A liberdade seria, então, segundo o esquema marxista, o reconhecimento da necessidade. Desde aí é possível a criação e recriação em jogo permanente de reconhecimento e transformações. (Bohoslavsky, 1975: 39)

Escolher então não é tarefa simples. Muitos são os determinantes, mas como saber quais estão presentes no momento da escolha? Como reconhecê-los, como estabelecer uma ordem de prioridades e, a partir dessa tomada de consciência, como escolher? A seguir apresentaremos, de forma didática, alguns determinantes que consideramos os mais importantes e freqüentes em nosso trabalho de orientar grupos de jovens e adultos.

Os fatores que interferem na escolha

O jovem, no momento da decisão de seu futuro, muitas vezes não tem claro como esse acontecimento está inserido dentro de um espaço muito maior, da ideologia subjacente a qualquer sistema social e político existente. Na maioria das vezes ele não tem conhecimento de como se dão as relações sociais e de trabalho no meio no qual vive.

No sistema capitalista, a ideologia dominante, muitas vezes pensada como alguma coisa abstrata, pode ser observada na prática mediante os aparelhos ideológicos utilizados pelo Estado para a sua reprodução, que são, entre muitos, a escola, a família e os grupos sociais.

A escolha não é dada como opção; não somos educados e estimulados a realmente escolher, ao contrário do que nos apregoa o capitalismo. O exercício da escolha, ou o exercício da consciência, vem sendo diluído pela falta de oportunidades reais. Bohoslavsky nos diz:

A escolha está multi e sobredeterminada pela família, pela estrutura educacional e pelos meios de comunicação em massa, como também pela estrutura dialética social e a estrutura dialética subjetiva. (1975: 15)

É impossível se pensar o homem como algo separado do seu meio social, não vê-lo como determinado historicamente e portanto determinado ideologicamente. Por outro lado, ao vermos o homem apenas como determinado estamos nos esquecendo de pensar que é o próprio homem quem faz essa história, quem escreve a sua história e a de seu grupo social. Portanto, ele também deve ser visto como um elemento do processo de mudanças sociais que caracteriza o meio no qual vive e se projeta.

Para melhor entendermos os fatores determinantes nas escolhas profissionais procedemos à divisão, para fins puramente didáticos (visto que, na realidade, sempre atuam juntos), em fatores políticos, econômicos, sociais, educacionais, familiares e psicológicos.

1. *Os fatores políticos* referem-se especialmente à política governamental e seu posicionamento perante a educação, em especial o ensino médio, pós-médio, ensino profissionalizante e universidade.

2. *Os fatores econômicos* referem-se ao mercado de trabalho, à globalização e à informatização das profissões, à falta de oportunidades, ao desemprego, à dificuldade de tornar-se *empregável*, à falta de planejamento econômico, à queda do poder aquisitivo da classe média e a todas as conseqüências do sistema capitalista neoliberal no qual vivemos.

3. *Os fatores sociais* dizem respeito à divisão da sociedade em classes sociais, à busca da ascensão social por meio do estudo (curso superior), à influência da sociedade na família e aos efeitos da globalização na cultura e na família.

4. *Os fatores educacionais* compreendem o sistema de ensino brasileiro, a falta de investimento do poder público na educação, a necessidade e os prejuízos do vestibular e a questão da universidade pública e privada de uma forma mais geral.

5. *Os fatores familiares* impõem à família uma parte importante no processo de impregnação da ideologia vigente. A busca da realização das expectativas familiares em detrimento dos interesses pessoais influencia na decisão e na fabricação dos diferentes papéis profissionais.

6. *Os fatores psicológicos* dizem respeito aos interesses, às motivações, às habilidades e às competências pessoais, à com-

preensão e conscientização dos fatores determinantes *versus* a desinformação à qual o indivíduo está submetido.

Estes, entre tantos outros fatores, determinam a escolha dos indivíduos. É importante se pensar sobre eles e tentar compreendê-los em sua inter-relação. Não me proponho aqui a esgotar esse tema, pois ele é imensamente complexo. Pretendo apenas organizá-lo a fim de facilitar o ·pensar e o refletir em cada situação específica, auxiliando assim para que no futuro se possa, um dia, elaborar uma teoria brasileira da escolha profissional, baseada em nossa realidade sociocultural.

O objetivo principal é tentar uma integração entre esses diversos fatores, aprofundando alguns pontos como a família, o vestibular e a universidade por acreditar na urgência de eles serem pensados nessa situação específica da escolha profissional. Outros fatores serão apenas comentados por não caber, no momento, um estudo mais aprofundado.

Fatores políticos

Chauí (1980), ao examinar as idéias norteadoras das reformas do ensino brasileiras, realizadas na década de 1970, desde a universidade até o ensino fundamental, afirma que três idéias permanecem. São elas: a vinculação da educação à segurança nacional, ao desenvolvimento econômico e à integração nacional. A dimensão política da escola se deixa perpassar na idéia de segurança nacional, tendo portanto um papel ideológico definido:

> Se, outrora, a escola foi o lugar privilegiado para a reprodução da estrutura de classe, das relações de poder e da ideologia dominante, e se na concepção liberal a escola superior se distinguia das demais por ser um bem cultural das elites dirigentes, hoje, com a reforma do ensino, a educação é encarada como adestramento de mão-de-obra para o mercado. Concebida como capital, é um investimento e, portanto, deve gerar lucro social. Donde a ênfase nos cursos profissionalizantes do ensino médio e nas licenciaturas curtas ou longas em ciências, estudos sociais e comunicação-expressão, no caso das universidades. (Chauí, 1980: 38)

Algumas conseqüências negativas resultaram do decreto 477 e do Ato nº 5, impedindo a participação política dos estudantes, isto é, impediram a possibilidade de uma integração da ciência com a vida cotidiana, da participação estudantil nas decisões sociais por meio da política. Esses instrumentos de repressão visavam antes de tudo manter uma escola autoritária e disciplinada.

Os professores e alunos dispostos a discutir politicamente o que estava acontecendo com a educação brasileira, e que criticando os caminhos adotados quiseram propor soluções diferentes, foram duramente reprimidos por esse sistema.

Esteve sempre visível para todos que o sistema político brasileiro, até agora vigente, não tem dado a devida atenção à área da educação, não lhe enviando os recursos necessários e nem levando a sério as leis que o regulamentam.

Com o regime militar elevou-se o número de alunos em todos os níveis, desde a pré-escola até a pós-graduação, mas o funil educacional manteve-se como um sério problema, e a má qualidade de ensino agravou-se. A reforma proporcionou o aumento de vagas mas não foi acompanhada por um incremento nas condições de ensino — materiais de laboratório, salas de aula, materiais de consumo — nem mesmo em relação ao corpo técnico, aumentando-se o número de alunos por professor. Com tudo isso, só poderia cair a qualidade do ensino oferecido. Isso sem contar o incremento das escolas particulares, da pré-escola às universidades, as quais, na grande maioria, se tornaram uma excelente fonte de lucro para seus investidores.

A educação passou a ser considerada um bem de investimento e portanto associada ao capital, com uma estrutura empresarial e burocrática para mantê-la, visando em primeiro lugar ao lucro e não à educação propriamente dita.

A falta de uma política educacional mais compatível com os interesses da maioria da população é um fato constante na história do Brasil. Pode mudar o governo: militar, democrata, ditador ou neoliberal, todavia nunca é dado o devido valor à educação.

É preciso ter claro qual o projeto econômico e social planejado pelos *políticos* do nosso país. Temos atualmente uma constante acomodação no interior da política econômica, na tentativa de adequar a produção nacional às pressões do capital internacional. Então fica muito difícil planejar as necessidades em termos de formação profissional. Essa imprevisibilidade, própria do sistema capitalista, pode levar algumas categorias profissionais a lançarem técnicos em excesso no mercado, enquanto outras apresentam uma carência de trabalhadores. Ou, ainda, leva à formação de profissionais mal preparados, desatualizados em relação ao mercado globalizado, que exige um perfil profissional muito diferente do solicitado há dez anos. Bohoslavsky nos diz que *"[...] nada se realiza num país não realizado, que não há projeto pessoal pensável independentemente de um projeto social"* (1975: 17).

É fácil concordar com ele e tomar consciência da distância que ainda existe entre a nossa realidade e este ideal de projeto social compatível com as reais necessidades das pessoas.

Fatores econômicos

As idéias de desenvolvimento econômico e integração nacional, presentes nas reformas de ensino instituídas no Brasil na década de 1970, assinalavam para a dimensão econômica da educação.

Além de evidenciarem as determinações econômicas da educação, as idéias de desenvolvimento econômico nacional e de integração possuem também uma finalidade ideológica, isto é, legitimar perante a sociedade a concepção de ensino e da escola como capital. (Chauí, 1980: 39)

A situação abaixo relatada também aconteceu no Brasil, e continua acontecendo, pois é a base do sistema econômico capitalista:

Por imposição econômica, que levou ao aumento do tempo de escolarização, a fim de manter boa parte da mão-de-obra fora do mercado, estabilizando salários e empregos, e por imposição das transformações da divisão social do trabalho e no processo de trabalho, levando à ampliação dos quadros técnico-administrativos, a universidade européia "se democratizou", abrindo suas portas para um número crescente de alunos. (Chauí, 1980: 32)

Com esse aumento de vagas nas universidades a partir da década de 1970, e o crescimento geométrico das vagas na década de 90, a classe média passou a esperar ascender socialmente pelo curso superior. Até então, era sinônimo de *status* social ter um médico na família. Isso significava para a família ter muito dinheiro e possibilidades de possuir uma boa casa, um bom carro e viver uma vida tranqüila.

O número de formados aumentou, mas o mercado passou a não absorver na mesma proporção, acarretando situações inusitadas, como médicos formados, por não encontrarem emprego, acabarem realizando outras atividades sem nenhuma relação com a medicina, pressionados por questões básicas de sobrevivência. Isso tem sido observado em relação a muitas outras profissões; é um fato social reconhecido.

A classe média, com essa política implantada no Brasil nestes últimos anos, com o aumento na tributação dos impostos e o achatamento salarial, está cada vez mais com o seu poder aquisitivo rebaixado. O que acontece então? Vemos um maior número de estudantes trabalhando durante o dia e cursando a universidade à noite, para poderem se manter, pois seus pais não têm mais condições de arcar com seus estudos.

O estudante trabalhador (ou o trabalhador estudante, é difícil definir tal situação) terá menores condições de aprender sobre sua profissão, além de apresentar um rendimento insatisfatório em sala de aula. Como poderá estar atento à aula no período da noite, até as 23 horas, quando passou todo o dia trabalhando e no dia seguinte também deverá acordar cedo e começar tudo de novo?

Essa necessidade de trabalhar para sobreviver dificulta a formação profissional do jovem. A estrutura da universidade também não colabora para resolver essa situação: os horários das aulas variam, a carga horária em geral é elevada e o excesso de trabalhos e provas não permite ao jovem trabalhar num bom emprego e, portanto, ter um salário atraente. Essa dificuldade de conciliar emprego e estudo tem levado muitos estudantes de universidades públicas a abandonar seus cursos, depois de passarem pelo difícil processo de seleção — o vestibular.

O que tem acontecido são estudantes subempregados, ganhando um mínimo essencial para auxiliar seus pais nas despesas com o estudo. O jovem está saindo lesado pelos dois lados: não pode sair de casa, pois não consegue sua independência financeira nem assumir papéis adultos na sociedade, e, ao mesmo tempo, não realiza um bom curso, diplomando-se com uma defasagem, podendo ser prejudicado na hora de ser selecionado para um emprego.

Passei a tarde toda trabalhando e continuei até tarde da noite. Não pude preparar o texto para o seminário da aula de hoje, não tive tempo... (Madalena)

Isso coloca em evidência o processo de ambivalência cada vez maior vivenciado pelo jovem. De um lado, o trabalho é importante, pois é a sua sobrevivência, de outro, ele quer ter uma profissão, e esta, muitas vezes, não tem a menor relação com o trabalho desenvolvido por ele. O jovem acaba se acostumando com dois papéis: além de estudante de psicologia, por exemplo, e ao mesmo tempo estagiário em um banco.

A falta de integração aparece no próprio ensino universitário, pois o estudante passa um bom período do curso longe do contato com a realidade da sua profissão. O aluno permanece quatro ou cinco anos aprendendo teorias e muitas vezes não lhe são apresentadas quais são as relações entre a teoria e a prática; esta lhe é exigida ao se diplomar, pois o mercado de trabalho não contrata pessoas sem nenhuma experiência profissional anterior. Como fazer então? Como encaminhar o jovem para a primeira experiência? Os estágios universitários são organizados para suprir essa carência, contudo nem sempre todos têm oportunidade.

Outro fato é a fragmentação do saber, pois o jovem precisa fazer sete, oito ou até dez disciplinas diferentes no mesmo semestre, não sendo mostrada a relação entre elas, pela maioria dos professores. O jovem deve buscá-las solitariamente, o que nem sempre é fácil.

Os formados saem e passam a fazer parte da *fila de desempregados*, permanecendo, em muitos casos, vários anos esperando uma oportunidade para trabalhar na sua área de conhecimento e formação universitária.

Esse é um dos mecanismos por meio dos quais o capitalismo funciona, isto é, a formação de um exército de reserva, contribuindo assim para a passividade cada vez maior dos empregados, para o achatamento salarial e o crescimento do número de desempregados, não só no Brasil, como no mundo todo, pois sempre vão existir pessoas mais necessitadas aceitando trabalhar por um salário menor.

E apesar de tudo isso estar acontecendo, grande porcentagem de jovens ainda procura a universidade na esperança de poder ascender socialmente. Talvez influenciados pelos pais, ainda ingênuos para perceberam e compreenderem essa realidade em violenta transformação. Pensam que, se o filho da sua vizinha formou-se e ainda não conseguiu emprego, é porque ele não tem se esforçado ou não levou a sério o curso, mas com seu filho não vai acontecer a mesma coisa. Na realidade, a crise é do mercado de trabalho, uma conseqüência do processo de globalização; e, na maioria das vezes, conseguem emprego primeiro aqueles que têm *pistolão*.

Os pais ainda têm a ilusão da ascensão social e então, com sacrifício, muitas vezes à custa de trabalhos extras e noturnos, procuram obter de todas as maneiras recursos financeiros para pagar o cursinho de seu filho, a fim de que ele esteja mais bem preparado para enfrentar o vestibular.

Casos extremos acontecem freqüentemente: é o exemplo de uma família pobre, em que o pai era sapateiro e a mãe cuidava do lar. Mas eles tinham o ideal de ver seu filho estudar engenharia. O jovem passou no vestibular para uma universidade particular e, em razão de a família ser muito pobre, ganhou uma bolsa de estudos dessa instituição. Mas em certos momentos os pais não dispunham nem sequer do dinheiro para pagar o ônibus do rapaz, para deslocar-se até a faculdade. Algumas vezes eles retiravam as moedinhas do cofrinho do irmão mais moço para poder pagar o transporte. Vê-se neste caso uma situação extrema de esforço de toda uma família para ter um filho engenheiro.

As relações de produção, do sistema capitalista, levam a um processo de alienação da sociedade, refletindo-se no jovem. Muitas vezes, nos grupos de orientação profissional, alguém avisa não poder participar do encontro seguinte porque precisará estudar para uma prova. Discute-se e questiona-se com o grupo o fato de ser mais importante para o jovem *ter de estudar, tirar uma boa nota* e continuar indeciso do que parar para pensar. Em geral o jovem escolhe estudar e continuar indeciso, uma vez que a pressão da nota é maior sobre ele.

De que adianta estudar se eu não sei para qual curso quero fazer vestibular? Não sinto a menor vontade de estudar. Espero que aqui no grupo vocês me ajudem a "ter uma luz" e aí sim eu terei mais vontade de estudar. (Giuliano)

O modelo econômico implantado no Brasil está a cada dia restringindo mais as perspectivas individuais. Os acordos feitos com o FMI não têm a menor preocupação com as suas conseqüências sociais, atingindo a maioria do povo brasileiro. Então, a cada dia fica mais difícil, por exemplo, ter-se uma previsão de quais serão as prioridades profissionais do Brasil daqui a cinco anos. Como estará o mercado de trabalho para determinadas profissões? Quais serão as necessidades sociais mais emergentes? Pesquisadores norte-americanos chegam a afirmar que nós ainda nem imaginamos quais serão 70% das profissões que existirão daqui a dez anos, pois elas ainda não existem...

Fatores sociais

Os fatores sociais estão basicamente relacionados à classe social na qual o indivíduo nasce, a qual determinará suas oportunidades de formação profissional e de emprego. A possibilidade ou não de ingressar na universidade depende de ele poder pagar os estudos até a formatura ou, pelo menos em parte, poder se sustentar.

Se o jovem nasceu filho de pescadores, de lavradores ou pecuaristas, sua experiência de vida levou-o a conhecer e ter maior contato com a natureza e possivelmente ele não tenha dado valor para os estudos. Mas se os pais têm vontade de ter um filho "doutor", vão estimulá-lo desde criança e ele irá cursar a universidade. Existem casos como esses e eles têm aumentado nos últimos anos, talvez pelo fato de a tecnologia estar bem mais perto dessa população por meio da televisão, do computador e da internet.

Se o jovem nasceu numa classe média ou alta e nunca passou por dificuldades financeiras na vida, pode não desejar estudar na universidade e, ao contrário, pode querer fazer outra coisa, muitas vezes ele mesmo não sabe o que é. Talvez pelo fato de ter entrado cedo para a escola, no jardim-de-infância, chegando na universidade já se encontra cansado de estudar bem como de não ver aplicação prática nenhuma de toda matéria estudada. Muitas vezes seu projeto imediato é viajar para o exterior, fazer cursos de línguas e trabalhos alternativos. Atualmente essa experiência no exterior tem sido muito valorizada no momento da seleção para ingresso em grandes empresas. Ao vivenciar o mundo do trabalho no exterior, o jovem está desenvolvendo competências tais como: flexibilidade, adaptação ao novo, autonomia, busca de solução para os seus problemas, criatividade para vencer obstáculos variados, segurança etc.

Uma jovem, filha de comerciantes, diz gostar muito de trabalhar na loja junto com os pais e já haver pensado em ter a sua própria loja, mas sua mãe a acha muito inteligente e por isso acredita que ela deveria continuar estudando em vez de *ficar atrás de um balcão*. Mas a inteligência não seria também importante para *ficar atrás do balcão* e fazer desse pequeno comércio uma rede de lojas? Muitas vezes, a partir dos pequenos negócios é que surgem as grandes empresas!

Casos como este ocorrem, e muitas vezes a pressão da família é muito grande, pois culturalmente em nossa sociedade é visto como um *desperdício de capacidade e de inteligência* um jovem não cursar a universidade quando ele é inteligente e a família pode sustentá-lo.

Outro aspecto a considerar é a opção por profissões de maior prestígio social, como é o caso de medicina, engenharia e direito. Essas profissões têm uma imagem de *status* social que nenhuma outra ainda alcançou, porém é pouco difundido o verdadeiro *status* e o papel desempenhado por esses profissionais na sociedade atual.

Fantino (in Bohoslavsky, 1975: 19) explica esse fato a partir de uma análise do que ocorre na Argentina. A situação do Brasil não é muito diferente. O fato de algumas profissões serem consideradas mais prestigiosas tem uma explicação na função centralmente política, e não econômica, que o sistema educacional cumpriu em particular nos seus ciclos médio e superior, ou seja, a de formação de dirigentes. A política, em que desejavam estar todos os que queriam dirigir os destinos do país, tinha como seus principais expoentes advogados, médicos e hoje engenheiros e economistas. O título de doutor era quase imprescindível para se ter acesso aos níveis de direção política.

A família é a célula social responsável pela transmissão da ideologia dominante, dos valores morais, dos pensamentos e da cultura. Ela é o elo intermediário entre o social e o indivíduo. Podemos ver a sua inserção mediante o desenho abaixo, em que aparece o jovem, a família e a sociedade. O jovem é o resultado dessa relação da família com a sociedade.

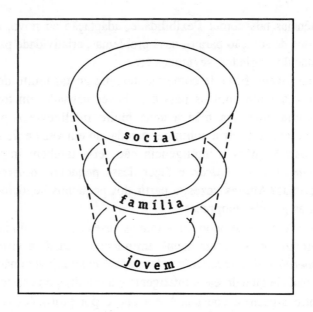

Daí a importância de se analisar os determinantes familiares na escolha da profissão, pois eles são mais que familiares: são o reflexo de toda uma sociedade que organiza a vida dos seus indivíduos para manter-se como está, com o mínimo possível de mudanças sociais, procurando manter a dicotomia indivíduo—sociedade. Como a família faz a ponte com a sociedade, ela não pode ser vista fora dessa dimensão.

Os valores culturais dos jovens também estão presentes no momento da escolha. Muitos procuram na universidade uma possibilidade de aprofundar algum conhecimento já existente, muitas vezes até exercendo funções afins em suas comunidades de origem, como a participação em ONGs, em grupos de jovens. Outros buscam na universidade soluções para problemas sociais de sua comunidade, como a escolarização dos *sem-terra*.

Os problemas raciais também podem estar presentes. Jovens negros sentem-se discriminados, comportam-se muitas vezes de maneira passiva, aceitando injustiças cometidas apenas pelo fato de serem negros. São poucos os que chegam à universidade no Sul do país, por exemplo.

Fatores educacionais

O sistema educacional brasileiro, calcado na ideologia subjacente ao capitalismo, deveria visar preparar o aluno para o trabalho. Essa preparação, constando de uma parte de cultura geral e outra de formação profissional, não tem se concretizado na prática.

A função da escola tem sido a de preparar um homem submisso, que acata as ordens e determinações do professor e que não pensa, apenas copia. Esse homem sai preparado para ingressar na fábrica, contar o número de peças de uma linha de montagem e depois anotar tal número numa planilha.

O que acontece então...? Uma grande evasão e repetência desde os primeiros anos escolares, pois nada daquilo que é aprendido na escola tem sentido para a criança. Ela precisa aprender a escrever cereja, mesmo se ela nunca viu, e provavelmente nunca verá, essa fruta diante dela. Em compensação, suas brincadeiras, suas travessuras, seus roubos pelas ruas para poder se alimentar, tudo isso não é valorizado nem integrado na sua atividade educativa.

A escola tem estado muito longe de alcançar o objetivo de preparar o homem para a vida e para o trabalho. Por isso a cultura popular comenta: a melhor escola é a *escola da vida* — esta tem sempre cumprido a sua função de preparar para a vida, independentemente dos mestres escolares...

A educação brasileira está vivendo uma profunda crise, não sabemos precisar quando iniciou, mas com certeza há várias décadas. Talvez ela tenha se aguçado mais ainda com a reforma de ensino instaurada em 1971, a partir da Lei nº 5.692, passando a orientar toda a educação para a profissionalização.

A Lei nº 5.692/71 foi aprovada sem que fossem consultados os maiores interessados: alunos, professores e pais. A reforma pretendia estabelecer a *profissionalização universal compulsória em todo o 2º grau*. Esperava-se que todo o sistema educacional assumisse a função de preparar mão-de-obra para suprir as necessidades decorrentes do processo então acelerado de crescimento econômico. Ao mesmo tempo, pretendia-se desviar da universidade um público crescente impossível de ser atendido, pois supunha-se que muitos jovens, por não haverem adquirido habilitação profissional no 2º grau (à época esta designação), se dirigiam à universidade.

Mas a lei foi implantada sem que as escolas contassem com recursos humanos especializados, instalações apropriadas, equipamentos e laboratórios necessários à formação profissional dos alunos. Se todos os requisitos necessários para a implantação do ensino profissionalizante, como supunha essa lei, fossem colocados em prática, aumentariam consideravelmente os gastos com a educação, num momento no qual as verbas destinadas diminuíam ano a ano. Em conseqüência, as escolas, impossibilitadas de cumprir a lei, passaram a adotar apenas formalmente as novas diretrizes. Os cursos eram oferecidos de maneira muito deficitária, os alunos não aprendiam quase nada, encontrando-se bastante desmotivados, pois não entendiam o porquê de serem obrigados a *profissionalizar-se*.

Em vista disso, o governo tentou soluções conciliatórias, como a do Parecer 76 de 1975 do Conselho Federal de Educação, criando a possibilidade de as escolas oferecerem a chamada *profissionalização parcial*. Na prática, as escolas apenas distribuíam as matérias do currículo tradicional, com cargas horárias diferentes, adaptadas das áreas de profissionalização, além de algumas outras que supostamente orientariam o aluno na escolha da profissão.

Cada vez mais ficava sem sentido para o aluno a suposta profissionalização, uma vez que anteriormente, quando a carga horária era maior, ele não se sentia profissionalizado para nada; com o regime da habilitação básica esse fato então se agravou. Nos grupos de orientação profissional realizados naquela época, o comentário geralmente era: "não escolhi este curso por interesse mas sim por localizar-se mais perto da minha casa" ou "porque gostava mais desta escola" ou, ainda, "porque o curso que eu queria ficava muito distante de casa". Por conseguinte, os alunos permaneciam três anos freqüentando um curso pelo qual não tinham o menor interesse. Em 1983, a Lei nº 5.692 foi modificada nos artigos 1º, 4º, 5º e 6º relativos à profissionalização compulsória, passando essa matéria a ser regida pela Lei nº 7.044/82.

Um subproduto dessa nova lei (5.692/71) foi a instituição da licenciatura curta, para formar professores polivalentes por meio de cursos de três a quatro semestres, a pretexto de suprir deficiências locais e regionais de ensino. Proliferaram as faculdades de finais de semana, lançando no mercado de trabalho profissionais despreparados, contribuindo assim para rebaixar ainda mais o nível de ensino.

Outro dos fatores responsáveis pelo declínio da qualidade do ensino médio foi a unificação dos exames vestibulares, na base de testes de múltipla escolha, ficando todo o ensino condicionado a preparar os estudantes para esse tipo de prova, perdendo-se de vista o objetivo primeiro — a educação para o trabalho.

Conectada com esses novos desafios surge a nova Lei de Diretrizes e Bases da Educação Nacional — LDB —, Lei nº 9.394 de 20 de dezembro de 1996, desvinculando o ensino profissional do ensino médio, antigo 2º grau, previsto na Lei nº 5.692/71, passando a educação profissional a ser concebida como complementar à formação geral. As exigências em relação ao desempenho do profissional de nível técnico foram impulsionadas pelos novos desafios relacionados aos avanços tecnológicos e pelas novas expectativas empresariais para enfrentar o mercado globalizado, altamente competitivo.

A nova política educacional, com base na Lei nº 9.394/96, bem como o Parecer 16/99 e a Resolução CNE/CEB 04/99, fixando as Diretrizes Curriculares Nacionais para a Educação Profissional de Nível Técnico, está sendo implantada nas Escolas Técnicas Federais de todo o Brasil em vários cursos profissionalizantes, denominados agora pós-médio, modificando o perfil dos alunos ingressantes dessas escolas, em comparação aos remanescentes do antigo 2º grau. Esse novo aluno muitas vezes é adulto, com vários anos de experiência profissional em uma ou várias atividades e procura o pós-médio para obter uma formação especializada em determinada atividade profissional.

Essa nova LDB procura resgatar e ampliar a educação profissional. Dispõe em seu art. 39:

> A educação profissional, integrada às diferentes formas de educação, ao trabalho, à ciência e à tecnologia, conduz ao permanente desenvolvimento de aptidões para a vida produtiva. Em seu parágrafo único estabelece: "O aluno matriculado ou egresso do ensino médio fundamental, médio e superior, bem como o trabalhador em geral, jovem ou adulto, contará com a possibilidade de acesso à educação profissional".

Na parte introdutória da "Concepção da Educação Profissional", o MEC (2000) propõe uma nova educação, assegurando:

> [...] os profissionais que vão enfrentar o mundo moderno devem estar preparados para o trabalho e para o exercício da cidadania. Não mais a formação para um posto de trabalho que prepare o homem "executor de tarefas". A nova educação profissional forma o trabalhador pensante e reflexivo, no mundo das tecnologias avançadas.

A nova política educacional propõe uma educação continuada, permanente, como forma de atualizar, aperfeiçoar e especializar jovens e adultos em seus conhecimentos tecnológicos, adaptando-os às exigências dos setores produtivos, possibilitando sua reinserção no mercado de trabalho.

Vemos novamente como a lei *é bonita, tem boas intenções de melhorar a educação no Brasil*. Difícil é observar se tal lei está sendo cumprida na prática, de norte a sul deste imenso país, sem privilegiar algumas escolas do Brasil-Sul em detrimento do Brasil-Norte e Nordeste.

Observa-se uma falta de integração marcante entre a sociedade e os setores de produção. É difícil ver uma escola preparando profissionais capacitados para ingressar no trabalho. É bastante comum ver os profissionais autodidatas, aquele que *aprende fazendo*, seja ele de nível técnico ou superior, sobretudo na área de informática em que os cursos universitários são raros e desatualizados.

Essa falta de integração gera um sentimento de impotência no jovem quanto ao seu futuro, pois ele não se sente em condições de realizar nenhum trabalho profissional quando completa um ciclo escolar, seja ele em nível de ensino médio, profissionalizante ou mesmo a universidade.

E o problema tende a permanecer indefinidamente, a tornar-se um círculo vicioso, pois os professores do ensino médio e da universidade são os mesmos que acabaram de formar-se ou *deformar-se* nesse mesmo sistema de ensino ultrapassado e desatualizado. Como então quebrar este círculo vicioso?

A escolha consciente por parte dos jovens de sua futura profissão pode ser um dos caminhos para se alcançar uma maior relação da escola com a realidade. À medida que um maior número de pessoas ingressar na universidade, conscientes do seu compromisso social, poderá reivindicar mudanças, alterações curriculares e estruturais da universidade, tentando aproximá-la mais da realidade.

Essa proposta tem sentido quando aludimos ao profissional formado pela universidade assumindo funções de dirigente, tendo na maioria das vezes um grande número de pessoas trabalhando ou convivendo sob a sua orientação. Se esse profissional está engajado na realidade, esse compromisso social pode ter um efeito multiplicador na medida em que se preste atenção a ele e se trabalhe nesse sentido.

O ensino brasileiro caracteriza-se por uma pirâmide em cuja base localiza-se o ensino fundamental e, na parte superior, a universidade. Isso permite visualizar a elitização das oportunidades de educação, ou seja, só chega ao topo quem tem poder aquisitivo para financiar-se até sua formatura ou mais alguns anos ainda. Com o aumento desordenado das escolas particulares superiores por todo o Brasil na década de 1970, e principalmente na de 90, houve um incentivo à formação de bacharéis que, ao se formarem, não encontram oportunidade de trabalho, não trazendo assim nenhum retorno à economia nacional como também ao seu investimento e sacrifício pessoal.

A gravidade da crise pela qual passa a educação brasileira constata-se não só pela evasão e repetência mas também pelos movimentos políticos e reivindicatórios de professores estaduais (de ensino fundamental e médio) e professores federais (universitários) em todo o Brasil. As greves têm sido uma constante a partir do final da década de 1970, aumentando consideravelmente na de 80. Na década de 1990 ocorreu um esvaziamento da sua função e penetração política por causa da política neoliberal, em que a educação não é prioridade, desvalorizando-se os educadores e suas reivindicações. São milhares de crianças e jovens que ficam 30, 40 e até 60 dias sem aulas, e o governo sem demonstrar a menor preocupação em resolver o problema.

Na universidade brasileira tem acontecido o mesmo fenômeno. Temos presenciado greves freqüentes. A greve de 1984 paralisou as atividades durante 84 dias (nas universidades autárquicas), ou seja, metade de um semestre letivo, em todo o Brasil, com professores de norte a sul unidos defendendo melhores condições de ensino. (Outras greves chegaram a durar 108 dias.) Essas paralisações levam muitas pessoas a se questionar sobre o verdadeiro sentido de uma universidade, seu objetivo dentro da sociedade e sua motivação interna para permanecer nela sem as condições mínimas de funcionamento. Muitos alunos deixam seus cursos e ingressam no mercado de trabalho, bem como um grande número de professores, com doutorado e pós-doutorado (formados para o ensino e a pesquisa), deixam a universidade pública em busca de melhores condições de trabalho e melhores salários.

O resultado desse movimento nacional dos professores universitários? Como conseqüência, professores e alunos são obrigados a trabalhar nas férias, para recuperar o tempo da greve. As verbas para a universidade continuam escassas, vindas com atraso, sem falar nos cortes em materiais de consumo e até mesmo em pessoal. Nada é reposto, o que se estraga assim permanece ou é consertado quando possível. A contratação de funcionários e professores está proibida há vários anos, as pessoas aposentadas não são substituídas e sua carga de trabalho foi absorvida por seus colegas, já sobrecarregados. A tecnologia, muitas vezes criada na própria universidade por seus pesquisadores, acaba não retornando em forma de benefícios para a própria universidade. E o salário dos professores continua reduzido por causa da política governamental de congelamento dos salários dos servidores públicos federais há mais de seis anos. Em 1980, Chauí já afirmava:

> Com a subordinação da universidade ao Ministério do Planejamento, o ensino superior passa a funcionar como uma espécie de "variável flutuante" do modelo econômico, que ora é estimulada com investimentos, ora é desativada por cortes de verbas, segundo critérios totalmente alheios à educação e à pesquisa, pois determinados exclusivamente pelo desempenho do capital. (p. 39)

A universidade, depois da reforma de 1968 em que foi realizada a departamentalização da estrutura universitária, vem perdendo a unidade. Cada departamento se responsabiliza pelas disciplinas pertinentes a sua área, oferecendo-as a todos os cursos que delas necessitarem. Teoricamente parece ser uma solução adequada para enfrentar o crescimento da universidade. Na prática, observa-se uma total desintegração dessas disciplinas com o curso para o qual elas estão sendo ministradas. Logo, existem cursos em que somente no 3º ano os alunos se encontram com professores de matérias específicas, realmente profissionais daquela área.

Essa fragmentação do saber leva o jovem a sentir-se perdido na maratona universitária, andando de um lado para outro, de um curso para outro, sem saber nem por que, nem para que, muito menos aonde ele quer chegar.

> Desvinculando educação e saber, a reforma da universidade revela que sua tarefa não é a produção e transmissão da cultura (dominante ou não, pouco importa), mas o treinamento dos indivíduos, a fim de que sejam produtivos para quem for contratá-los. A universidade adestra mão-de-obra e fornece força de trabalho. (Chauí, 1980: 39)

Bohoslavsky faz uma análise da educação universitária, colocando a universidade como geradora de uma crise de alienação no jovem por três motivos principais: a marcada falta de sincronia da organização educacional com a estrutura produtiva, a fragmentação do saber e o não-oferecimento de condições para o exercício das práticas próprias das ciências, técnicas ou profissionais.

> A universidade dividida (não organizada) em faculdades, institutos, departamentos, cátedras, não é mais que a expressão acadêmica da fragmentação do saber e esta facilita a formação de especialistas em fragmentos da realidade, ilustres iletrados em parcelas de desconhecimento. (Bohoslavsky, 1975: 75)

Os jovens sentem-se desamparados em relação à escola, pois esta não responde, na maioria das vezes, às suas necessidades de participação no mundo social, político e econômico. A orientação para o trabalho é feita de maneira ineficiente, por profissionais nem sempre capacitados para realizar esse tipo de reflexão entre os jovens.

A falta de integração da escola com a vida e a dificuldade das crianças em realizarem outras atividades diferentes das escolares levam muitas vezes os jovens a sentirem-se desiludidos e decepcionados com a escola.

Sempre fui um ótimo aluno, cheguei à universidade e aí eu relaxei, porque queria fazer coisas diferentes. Inclusive lá em casa, quando eu queria fazer outras coisas, como judô, tocar algum instrumento, não podia — só ir à escola mesmo, e naquele tempo só o que se fazia era ler, estudar e fazer pesquisas bibliográficas. Agora vejo como é importante poder desenvolver outras atividades. (Jorge)

No ensino médio observamos os jovens passarem a maior parte do tempo em sala de aula, com livros e cadernos, copiando do quadro e respondendo aos exercícios dos livros. Os professores não costumam estimular os alunos a procurarem dados da realidade para confirmar aquilo que estão aprendendo na teoria. Por que não ensinar os alunos a pesquisar a própria realidade? Por que não lhes ensinar a pensar, a problematizar o seu dia-a-dia e o seu meio ambiente?

Na universidade acontece a mesma coisa. Os alunos passam de três a quatro anos estudando teorias e mais teorias. Quando iniciam o estágio não sabem o que fazer com todas aquelas teorias, pois não aprenderam a integrá-las com a prática e também porque a nossa realidade está precisando ser teorizada novamente, visto que os modelos teóricos conhecidos não estão mais respondendo aos nossos problemas.

Quando refletimos sobre o significado de estar cursando uma universidade, fica claro o antagonismo entre ter condições para ser um profissional liberal e ser apenas um universitário. Muitas vezes a pessoa criativa e sensível é marginalizada na sala de aula por não aceitar o esquema proposto, enquanto outros, apenas decorando a matéria mas incapazes de fazer qualquer relação entre os conteúdos, todavia com a entrega dos trabalhos em dia, são considerados bons alunos.

Há muitos caras que não têm capacidade e estão na universidade e tiram boas notas, não entendem nada, não sabem nem falar, mas decoram tudo e tiram nota boa. (Gabriel)

No ensino médio, alguns professores dão mais ênfase à questão do vestibular e sempre, ao abordarem determinado tema, enfatizam esse fato. Muitas vezes usam desse artifício para atrair a atenção dos alunos. Outras vezes, matérias importantes deixam de ser apresentadas por não fazerem parte do rol das matérias do vestibular.

Atualmente a escolarização inicia-se na pré-escola, em que até mesmo os hábitos higiênicos básicos têm ficado sob a responsabilidade dos professores. Estes precisam atender um número muito grande de crianças ao mesmo tempo, tendo dificuldades em desempenhar bem essas funções.

O adolescente de hoje, tendo iniciado a sua escolarização na pré-escola, questiona tal supervalorização da escola em detrimento de outras atividades livres que a criança poderia desenvolver:

Hoje eu vejo assim, se eu tiver um filho não vou colocar a educação como primeiro plano, eu nunca gostei disso, viver de 13 a 20 anos em função de escola, de matérias, de passar de ano com notas boas e só aquilo... eu vou dar muito mais importância para o que ele resolver fazer, pode ser que daquilo surja uma profissão, e não da escola. (Gabriel)

O fato de seguir ou não os estudos em uma universidade apresenta-se para alguns como um fato resolvido, mas para outros este ainda é passível de uma reflexão.

Tudo que eles querem para mim eu acho bom, só essa história da universidade é o ponto base, a ocupação, o que fazer, aí eu não sei, aí é que complica... (Fernando)

A expectativa dos pais — reflexo da expectativa social — é o ingresso do filho na universidade, embora todos saibam da limitação do número de vagas em relação ao número de inscritos; logo, nem todos poderão estudar na universidade pública e gratuita.

Mas para quem não ingressar na universidade quais as outras formas de profissionalização que a sociedade oferece? Existe outra opção para um jovem de classe média profissionalizar-se? É difícil encontrar respostas para essas questões. As condições externas precisam ser alteradas, precisamos oferecer outras formas de profissionalização para os jovens.

Muitas vezes a vontade do jovem de entrar na universidade vem carregada de muita batalha pessoal e familiar e de muito sofrimento, tudo para poder chegar a ser um profissional:

Na minha casa é diferente, foi sofrido... eu nasci no interior e estudei numa escola muito carente, muito carente mesmo. Comecei a trabalhar por necessidade, e o estudo ficou para segundo plano. Quando chegou o ensino médio tive dificuldades por falta de base...
(Giuliano)

O vestibular e outras alternativas de acesso ao ensino superior

Fiz vestibular três vezes e só passei para um curso do interior do estado, numa faculdade particular. Fiz um semestre e consegui transferência para a federal. Mas o que eu queria mesmo era medicina, mas sei que eu não tenho condições de passar, pois sempre precisei trabalhar e estudar à noite, em colégios muito carentes...
(Fernando)

A questão do vestibular será analisada em maior profundidade por ela estar diretamente relacionada ao momento de decisão dos jovens candidatos por uma vaga na universidade.

O vestibular nasceu da necessidade de verificar se o candidato possuía suficiente conhecimento para realizar determinado curso superior. Isso porque o nosso sistema de ensino só tinha o ensino primário e o superior. D. João VI, chegando ao Brasil em 1807, tratou de criar as primeiras escolas superiores sem que tivéssemos um ensino médio. A intenção era evitar que os jovens brasileiros da aristocracia rural de então continuassem peregrinando para Portugal para diplomar-se em um curso superior. O exame, de vestíbulo, entrada, era uma forma de realizar um diagnóstico sobre as potencialidades do candidato para seguir determinado curso. Era um exame-diagnóstico, realizado da melhor maneira na época. (Santos, 1988: 79)

Para o ingresso em qualquer universidade é necessária a realização de um exame vestibular a fim de *medir* os conhecimentos dos candidatos, em geral nas áreas de física, matemática, biologia, química, língua portuguesa, língua estrangeira e estudos sociais.

A desproporção quanto ao número de candidatos disputando uma vaga, sobretudo nas universidades públicas, tem desencadeado ações e reações, levando à criação de dispositivos legais regulamentando e regulando a entrada na universidade.

No conjunto dos procedimentos alternativos de seleção para o preenchimento das vagas ao ensino superior, previstos na Lei nº 9.394/96, faz-se referência ao vestibular na sua forma tradicional, além de outras alternativas como Enem — MEC Inep; Paies — Universidade Federal de Uberlândia; Pases — Universidade Federal de Viçosa, ambos em Minas Gerais; Peies — Universidade Federal de Santa Maria, Rio Grande do Sul; PAS — UnB, Brasília; e Saem — Santa Catarina.

O Sistema de Acompanhamento e Avaliação do Ensino Médio (Saem), projeto piloto desenvolvido pela Associação Catarinense das Fundações Educacionais (Acafe), tem como objetivo criar mecanismos de avaliação das escolas de ensino médio no estado de Santa Catarina, gerando informações para contribuir na definição de políticas públicas sobre esse nível de ensino e criar uma forma alternativa de acesso ao ensino superior.

O ensino superior público, direito fundamental, passa a ser privilégio de uma parcela cada vez mais reduzida da população, notadamente da população jovem, proveniente das camadas economicamente mais favorecidas. É importante notar, considerando-se toda a história desde o acesso, até sua permanência e conclusão a ampliação da rede privada de estabelecimentos de ensino superior com a conseqüente expansão do número de vagas, num contraponto à procura cada vez maior por uma vaga nas universidades públicas e à estagnação quanto à oferta de suas vagas. Esses elementos, entre outros, fazem do acesso ou não ao ensino superior um tema decisivo na escolha do jovem. Muitos depoimentos nos confirmam esse dado:

Eu gostaria mesmo é de cursar Direito, e resolvi fazer Letras, pois era mais fácil de passar, acabei não gostando. Agora pretendo fazer outro vestibular, mas tenho medo de não passar na federal, e nem adianta fazer nas particulares, pois não tenho como pagar. (Elisabeth, 21 anos)

A possibilidade de realizar exames alternativos para ingresso no ensino superior pode constituir-se numa experiência diferenciada para os jovens. Para alguns pode representar o vestibular dividido em três etapas ou, numa expressão mais vulgar, vestibular a prestação, estendendo-se por todo o ensino médio; o *suplício* seria vivido apenas em seu final. Para outros, pode ser uma oportunidade de começar a vivenciar o clima do vestibular — já institucionalizado como um ritual de passagem a ser realizado por uma parcela significativa da juventude —, com isso ganhando experiência para o final do curso. Auxilia a diminuir o impacto da obrigatoriedade de decidir por um curso de formação profissional, além de comprovar conhecimentos, habilidades e competências adquiridos em todo ensino médio. Para outros ainda, pode ser uma oportunidade de refletir mais cedo sobre sua futura escolha profissional, pois desde a primeira inscrição no primeiro ano do ensino médio o jovem já deve *preencher a cruzinha do curso escolhido.*

O vestibular, tradicionalmente, desde 1971 é feito de forma unificada (sendo regida por normas federais), isto é, todos os candidatos ao ingresso no ensino superior devem realizar todas as provas, independentemente do curso escolhido. Em algumas universidades o peso dado a cada prova é relativo ao curso.

Antes de 1971, cada faculdade elaborava seu exame de acordo com suas próprias características. Os próprios alunos dos últimos anos auxiliavam, participando do processo de integração dos novos colegas mediante cursos preparatórios aos candidatos. Assim, se uma pessoa queria estudar arquitetura deveria demonstrar conhecimentos em alguns pré-requisitos específicos, como geometria, álgebra, história da arte e desenho. Uma das provas era prática, e o aluno deveria desenhar. Nessa situação os alunos entravam mais bem capacitados no curso, demonstrando suas habilidades em algo que já se apresentava como um interesse anterior.

Hoje assistimos aos jovens ingressando no curso escolhido sem o conhecimento mínimo do currículo, das habilidades e da formação anterior necessária para o bom desenvolvimento da profissão.

Atualmente, o exame consta de uma redação e de questões objetivas com respostas simples ou múltiplas, isto é, marcar com um "x" a resposta certa. O exercício de escrever e pensar criativamente fica para o segundo plano. Chegam até a universidade jovens que não sabem nem mesmo copiar o texto de um livro sem o auxílio do computador, pois cometem numerosos erros de português, e não demonstram condições de escrever sobre um assunto solicitado pelo professor.

O jovem passa os três anos do ensino médio voltado exclusivamente para o vestibular. Os professores estimulam esse comportamento, chamando a atenção para as possíveis questões do próximo vestibular. Realizam provas simuladas e baseiam seus programas nas provas dos anos anteriores. Tudo gira em torno do vestibular.

Estudar para o vestibular muitas vezes é aproximar-se de uma neurose. Há jovens que, no decorrer do ano do exame, deixam de passear, divertir-se, fazer outras coisas de que gostam somente para estudar. Resultado: acabam ficando mais ansiosos, sentindo-se divididos entre a vontade de estar *aproveitando a vida* e a urgência de estudar; tal sentimento de culpa os impede de verdadeiramente estudar e aprender o que estudam, gerando assim todo um processo de autopunição:

[...] eu não posso sair porque tenho que estudar para o vestibular, se não eu iria contigo à festa... (Patrícia)

Pode haver também uma pseudovalorização de si mesmo, porque, depois de perderem tanto tempo e tantas oportunidades de prazer e satisfação pessoal estudando, poderão dizer:

Ah! Eu estudei muito, passava noites em claro, não saía nos finais de semana, ficava direto, só estudando, por isso não entendo como eu não passei. (Gabriel)

Esse fato também é um álibi, uma desculpa perante a família e a sociedade:

Meu filho estudou muito, passava dias trancado no seu quarto, no meio dos livros; nós lhe pagamos o melhor cursinho, mas ele queria um curso muito concorrido, a Medicina, e havia muitos candidatos por vaga*. (Antônio)

Observa-se a alienação do jovem e de seus pais por não terem a consciência do verdadeiro problema, que não é deles; é bem maior e

---

* Depoimento de um pai, durante entrevista com pais realizada num dos grupos de orientação profissional.

mais complexo que as noites em claro estudando, ou a obrigação de freqüentar o melhor cursinho. Trata-se de toda uma estrutura social não organizada para receber os jovens aptos ao ensino superior.

Está evidente a contradição social da qual estamos à mercê, pois se o jovem, de um lado, é estimulado pela sociedade e pela família a fazer um curso superior, por outro, essa mesma sociedade, por meio do estado e do sistema educacional oferecido, não dá condições a todos de cursá-lo. Em virtude de tal alienação, que não permite o dar-se conta dessa situação, nada muda. Nunca se ouve falar de um movimento dos vestibulandos contra a universidade, uma greve, por exemplo. Eles jamais se organizarão, uma vez que são estimulados a competir entre si. O colega vestibulando *é um concorrente para a mesma vaga, somente um entra na universidade.*

O vestibular é um evento dissociado, não tem nenhuma relação com os estudos anteriores na escola, nem com o que acontecerá depois. Não existe nenhuma integração da universidade com o ensino médio. O *bicho* (estudante aprovado no primeiro ano) passa por rituais de iniciação (o trote) e começa a se despreocupar em relação a essa situação, pois esta já foi resolvida por ele, enquanto o aluno reprovado segue na sua luta sobre como fazer para conseguir ser aprovado no próximo ano.

> [...] Os que ficaram à margem do ensino superior têm seu potencial transformador esvaziado, se não neutralizado. De tal modo introjetam a idéia de que o êxito ou o fracasso na passagem é de sua exclusiva responsabilidade individual, não percebendo o contexto em que essas coisas se dão, não contestam a situação, nem reivindicam mudanças. (Teixeira, 1981: 1579)

Os cursinhos são, na maioria, empresas especialistas na *arte de fazer passar*, atingindo uma grande população de classe média. Por se tratar de um acontecimento muito significativo na vida dos jovens, na dos seus familiares e também para a sociedade, as pessoas envolvidas em geral encontram-se suscetíveis a fazer qualquer investimento pelo "bem de meu filho".

> A corrida para o vestibular é nos dias atuais uma verdadeira maratona geradora de neurose e conflitos de toda espécie, num espetáculo que toma

conta do país. O vestibular é a angústia do estudante e funciona como um centro de forças que atacam em todas as direções. Formou-se, para manter o espetáculo do vestibular, uma gigantesca teia de "cursinhos" que, com interesses puramente comerciais, passaram a ser um agente de desmoralização do próprio ensino secundário. Os "cursinhos" surgiram para desvirtuar ainda mais as finalidades da educação brasileira. (Monteiro, 1980: 77-8)

Segundo seus dirigentes, eles fazem o que o ensino médio não fez, e assim, se alguém deseja passar no vestibular, deve freqüentar o cursinho. Nas semanas posteriores aos exames são feitas grandes campanhas, reportanto o número de aprovados oriundos deste ou daquele cursinho. É estabelecida uma competição entre os próprios cursinhos, muitas vezes assumindo um caráter de massacre ideológico, cada um querendo mostrar-se como o melhor, o mais seguro para a aprovação, gerando ansiedade e medo na maioria dos jovens.

É evidente a má-fé muitas vezes presente em suas campanhas de divulgação e propaganda para obterem o maior número possível de alunos. Se alguém somar as porcentagens de aprovados de cada cursinho, o total ultrapassará os 100%. Por outro lado, nunca é divulgada a porcentagem dos alunos reprovados no vestibular, mascarando-se assim a realidade e iludindo-se os jovens e seus pais.

Existe uma diferença significativa entre demanda e oferta de vagas no ensino superior. O número de vagas nas universidades públicas tem-se mantido quase o mesmo há várias décadas, embora a demanda tenha ultrapassado o dobro.

A existência dos cursinhos se manterá enquanto houver uma demanda maior que a oferta de vagas. Sempre haverá espaço para a competição, sendo esta bem aproveitada pelos dirigentes dos cursinhos em suas campanhas publicitárias.

A situação do vestibular foi analisada pelo professor e antropólogo Sérgio Teixeira como um ritual de passagem e uma barreira ritualizada:

Ritos são situações marcadas pelo formalismo, pela solenidade, pelo cerimonial, pela observância de normas e práticas prescritas. (1981: 1574)

Segundo esse autor, no vestibular essa natureza de ritual é revelada pela presença de três momentos característicos dos *rituais de passagem*. Num primeiro momento temos a *fase da separação*, quando, cerca de um ano antes dos exames, iniciam-se os preparativos, em geral pela procura de algum cursinho ou apenas pela intensificação dos estudos. Os estudantes são normalmente chamados de vestibulandos, percebendo-se então como um grupo diferenciado. As inscrições para o vestibular e a realização dos exames simulados são momentos importantes dessa fase.

O segundo momento, que compreende o período no qual o jovem já encerrou o ensino médio e ainda não recebeu o resultado do exame vestibular, é chamado de *fase da liminaridade,* por não se situarem os estudantes nem aqui nem lá, já que não são mais nem alunos do ensino médio, nem universitários. A humildade e a passividade se fazem presentes, o vestibulando não reclama de quase nada: do custo dos cursinhos e das condições de suas aulas, do processo de inscrição e de sua taxa, do tratamento recebido na prova etc.

A terceira e última etapa do rito é a da *agregação* desse novo grupo à universidade. Caracteriza-se pela exaltação, pelas festas e comemorações em que trotes são aplicados aos calouros ou *bichos* na matrícula e nos primeiros dias de aula. Seu objetivo é integrá-los à universidade e conta com a participação ativa dos veteranos. Tais procedimentos estão esvaziando-se, talvez pelo fato de ser mais comum, hoje, ingressar na universidade por causa do grande número de escolas particulares inauguradas nos últimos anos. E também por terem sido proibidos alguns tipos de manifestações perigosas que chegaram a causar problemas de agressão e ferimentos (seguidos de morte, caso do estudante de medicina da USP/SP) em decorrência do grande envolvimento e da euforia provocados pela situação.

A dimensão oposta à de rito de passagem contida no vestibular é a sua concepção como uma *barreira ritualizada*. Esta é definida pelo *Dicionário Aurélio* como *"qualquer forma de obstáculo com o qual a sociedade dificulta o acesso a grupos ou a instituições e impede a mobilidade social".*

É na "não classificação", ou na "não autorização de passagem" para quantos apresentam as condições, que o ensino em nível superior pressupõe, que se configura a dimensão de barreira social ritualizada do vestibular.

Assim ele impede acesso a um recurso estratégico para a ascensão social. (Teixeira, 1981: 1580)

Segundo ainda o mesmo autor, os efeitos da barreira se fazem sentir de modo desigual e sistemático. Penaliza com maior rigor aqueles aos quais a passagem é negada e por isso eles têm suas chances de batalhar por uma melhor condição de existência reduzidas e mesmo anuladas. Em geral, os barrados pelo vestibular são também os que apresentam as maiores dificuldades de preparação para ele.

Os dados disponíveis do vestibular de 1984 da Universidade Federal de Santa Catarina — 14.924 candidatos a 2.745 vagas em 58 cursos — nos permitem analisar a questão em termos objetivos e reais: a dimensão de ritual de passagem se deu para 18,3% dos candidatos, enquanto 81,7% viverão a dimensão de barreira social ritualizada. Em 2001, tivemos 44.726 inscritos e 3.960 aprovados, demonstrando que a porcentagem dos que passam pelo ritual continua sendo pequena, há várias décadas.

Rubem Alves (1984) também analisa a questão do vestibular, porém de uma forma mais prazerosa e nem por isto menos séria ou profunda, quando nos fala sobre "O país dos dedos gordos". O autor faz uma ferrenha crítica aos exames vestibulares, criados por alguns detentores do *saber-poder* que decidem os poucos aprovados e os muitos que ficarão fora da universidade. Fala-nos da tortura imposta às crianças, com a expectativa de um dia passarem no vestibular, o que acaba comprometendo as chances de serem felizes e de gostarem de estudar.

Os exames vestibulares se encontram entre os maiores vilões da educação brasileira. Seu poder de aterrorizar e intimidar é maior que todas as nossas filosofias e portarias empacotadas. (Alves, 1984: 74)

Na fantasia dos pais, o vestibular já se encontra presente desde que a criança é pequena, e desde essa época já passa a influir na sua vida.

Tudo começa com os pais: "Meu filho, o que você vai ser quando crescer?". O garotinho ainda está brincando com o carrinho de bombeiro e eles já começam a perder o sono, pensando se o filho vai ser capaz de passar no vestibular e se eles serão capazes de pagar as mensalidades dos cursinhos. (Alves, 1984: 75)

A escola deve oferecer as condições básicas de ensino e aprendizagem para seus alunos, mas ninguém pensa no prazer, na alegria, na sensibilidade artística dos jovens; por vezes pensam no vestibular como um instrumento de terror:

Os pais pensam é no tipo de conhecimento que vai ajudar os estudantes a pôr as cruzinhas nos quadradinhos certos... e educar-se como as empresas fazedoras de vestibular determinam que devam ser educados. [...] só existe uma população livre desse terrorismo: aquela que sabe que nunca terá condições de chegar até a universidade. (Alves, 1984: 76)

Para aqueles reprovados, o que restará como projeto de futuro?

Apenas as cicatrizes. A ansiedade. Os olhares tristes e acusatórios dos pais. O dinheiro perdido. As recriminações. E o terrível sentimento de derrota. Como se a vida deixasse de fazer sentido, pois todos os rituais preparatórios diziam que entrar na universidade era a única coisa importante. É, eles contam as cabeças que ficaram. Nada dizem daquelas que rolaram pelo chão. (Alves, 1984: 78)

Rubem Alves sugere o sorteio como forma mais justa de seleção para ingresso na universidade:

Pois a justiça alegada através da objetividade e neutralidade dos exames encobre uma injustiça anterior: os pobres são eliminados antes da corrida começar, isto é, os pobres ficam de fora por incompetência econômica. (1984: 78-81)

As reprovações acabam por criar até uma inimizade entre pais e filhos. Os primeiros, por se verem frustrados na sua expectativa em relação aos filhos e pela culpa por possíveis falhas cometidas. Os filhos, por terem sido colocadas sobre si tantas expectativas e por não serem capazes de passar como uns poucos afortunados.

O sorteio seria melhor, pois, além de oferecer realmente iguais condições a todos os candidatos, traria de volta a amizade entre pais e filhos...

Todas essas idéias mexem muito com todos nós. Podemos perceber a profundidade e a abrangência dos prejuízos causados pelo vestibular, não só nos jovens no momento de sua realização, mas muito antes, enquanto crianças, e muito depois, quando, tendo desistido de buscar a aprovação, ainda se lembram dele com tristeza e pesar, quem sabe até esperando e querendo que seu filho passe no vestibular.

E a história se repete...

3

A influência da família

Neste capítulo abordarei como a família, presente desde o nascimento na vida das pessoas, participa desse momento de decisão profissional. Sua presença é importante também no momento da reescolha.

O projeto profissional

Desde o nascimento, a pessoa é acompanhada pelos desejos e pelas fantasias de seus pais e familiares em relação a ela e ao seu futuro. Cada filho recebe uma carga de expectativa dos pais, devendo cumpri-la ao longo de sua vida. A necessidade de cumprir ou não os *desejos* dos pais varia de uma pessoa para outra e também de acordo com o grupo social do qual faz parte.

A família, ao incentivar certos comportamentos e atitudes das crianças e reprimir outras iniciativas, interfere no processo de apreensão da realidade dessas crianças, determinando em parte a formação de seus hábitos e interesses.

O jovem, inserido numa família com seu dinamismo próprio, escolhe uma profissão muitas vezes sem conhecer as influências recebidas do meio familiar. A rede de relações que se forma em cada família, incluindo os avós, bisavós, tios, primos, está presente de uma maneira ou de outra nas diferentes escolhas que fazemos na vida. Torna-se então importante o estudo mais aprofundado da influência familiar na elaboração do projeto profissional do jovem. Esse foi o tema de minha tese de doutorado: Escolha profissional: projeto dos pais & projeto dos filhos.

Os pais constroem projetos para o futuro de seu filho, desejam que ele corresponda à imagem projetada sobre ele, lhe propõem metas a alcançar, objetivos de vida. Investem-no da missão de realizar os sonhos que eles mesmos não puderam realizar. No projeto dos pais encontra-se presente a forma como o pai e a mãe se relacionaram com as expectativas de seus próprios pais.

Freqüentemente um avô ou bisavô pode *impor* a seus descendentes que sigam um ideal; às vezes pode ser até uma forma de pagamento de uma dívida familiar inconsciente, em que a realização ou a resolução pode vir a ser o programa de vida desse jovem. Um exemplo é a célebre frase: "faça como o seu avô, que é um juiz de direito respeitado...". Segundo Soares:

> As escolhas dos filhos se inscrevem numa descendência familiar onde o passado vivido pela família é parte fundamental na construção das representações que o jovem se faz de si mesmo e de suas aptidões para ter sucesso numa profissão definida, assim como a valorização familiar das profissões. O jovem tenta se conformar para sentir-se parte dessa descendência, pertencente a essa família. (1997a: 137)

As identificações com o grupo familiar e o valor que as profissões assumem nesse grupo influenciam o jovem. Uma grande parte das escolhas do jovem inclui uma representação social positiva ou negativa da profissão exercida pelos pais, sua relação com o trabalho e de que maneira o filho se identifica com as profissões familiares.

Eu quero fazer medicina, pois é um curso que dá muito dinheiro. Quando criança, a gente pedia para o pai comprar alguma coisa muito cara, ele dizia: "Eu não sou médico para poder te comprar o que você quer, eu não tenho dinheiro...". (Fernando)

Nessa família observamos como a representação social da medicina foi transmitida para o jovem como uma profissão rendosa, e agora ele a escolhe pensando nesse valor transmitido segundo o modelo familiar.

Inúmeras pesquisas têm sido feitas para estudar como os adolescentes elaboram seus projetos de futuro, em que medida eles são capazes de se imaginar no futuro, quais os aspectos priorizados por eles. A noção de projeto implica as expectativas dos pais e dos filhos em relação a seu futuro, nos seus aspectos conscientes e inconscientes, e as motivações e os desejos dos pais em relação à escolha profissional dos filhos. As solicitações dos pais podem se manifestar por pedidos mais ou menos explícitos. Segundo Pimenta:

> O homem opta enquanto projeto a realizar. A liberdade se afirma também no realizar, no fazer — na adesão. Optar sem aderir é inócuo, não realiza. (1984: 56)

O projeto é, ao mesmo tempo, o momento que integra em seu interior a subjetividade e a objetividade, é também o momento que funde, num mesmo todo, o futuro previsto e o passado recordado. Pelo projeto, se constrói para si um futuro desejado, esperado. Na sua perspectiva prática, o projeto não pode ser para um futuro longínquo tampouco se limitar a ser muito imediato. Seu caráter parcialmente determinado faz com que ele não seja jamais realizado por completo, sempre passível de modificações. Mais do que o plano ou o objetivo, o projeto com sua conotação de globalidade é destinado a ser integrado numa história, contribuindwo para modelar o passado que é presente nele e prever o futuro.

O projeto dos pais para os filhos é único? Ou ele concentra uma série de contradições, mais ou menos antagônicas, as quais o filho se vê confrontado? Segundo De Gaulejac:

> [...] duas lógicas estão presentes, do lado dos pais, uma buscando a reprodução e outra a diferenciação. O projeto dos filhos é a expressão de medos e de desejos contraditórios:
> 1) de um lado o desejo de o filho ser a continuação de suas vidas, se encontre neles, se torne aquilo que eles são, faça aquilo que eles fizeram, a *lógica da reprodução* conduzindo à imitação, à repetição e ao conformismo. (1987: 57)

Lá em casa têm vários engenheiros, meu pai, um primo e dois tios. Eles trabalham juntos numa empresa familiar de construção, mas fico em dúvida se faço como eles, ou estudo artes plásticas e depois design que é o que eu gosto. Mas tenho medo de não conseguir emprego depois. (Eduardo)

2) de outro lado, desejo de o filho realizar todos os desejos que eles não puderam satisfazer, fazendo tudo aquilo que eles não puderam realizar, sendo "alguém na vida", isto é, *a lógica da diferenciação,* encorajando a singularidade, a autonomia e a oposição. (De Gaulejac, 1987: 59)

Eu penso em fazer oceanografia, pois adoro o mar, estar na praia, em contato com a natureza. Meus pais são do interior, eles sempre moraram no campo e nem conhecem muito bem a praia. (Gisela)

No projeto dos pais se expressa a maneira como eles tentam negociar essa dialética, querendo que os filhos ao mesmo tempo perpetuem a sua história e afirmem a sua individualidade. Esta poderia constituir-se uma resposta de autonomia do jovem em relação à família. Mas também pode ser o resultado do projeto de diferenciação de seus pais em relação a ele.

Convém ainda se considerar o projeto não uma soma de desejos, de ideais, de modelos aos quais o filho deverá se adequar, mas principalmente um conjunto contraditório, propondo, de um lado, objetivos a alcançar e, de outro, evitando desejos ambivalentes, modelos e antimodelos.

Outra forma de contradição pode existir entre o projeto dos pais e as condições concretas de sua realização. O filho pode se ver confrontado por causa da distância, não assumida pelos pais, entre um sistema de aspirações e as possibilidades objetivas de realização, em face das quais esse sistema é inadaptado; como se o filho fosse solicitado a tornar-se o que ele não pode ser. No Brasil, a necessidade de passar no *vestibular* e a insuficiência de vagas na universidade impedem um grande número de jovens de realizar seus projetos profissionais.

Eu sempre sonhei em fazer medicina, e essa também é a vontade dos meus pais, eu sei que é muito difícil ou até impossível passar no vestibular para uma universidade pública, mas eu vou continuar tentando até conseguir... (Fernanda, 19 anos)

Fatores familiares

Quanto à classe social do jovem, a família vê uma necessidade muito grande de buscar uma ascensão social por intermédio do filho e, em última instância, da profissão escolhida por ele. O jovem pode apresentar o conflito entre fazer o que ele realmente deseja ou seguir a profissão esperada por seus familiares, por ter mais *status* socialmente.

A expectativa dos pais em relação ao futuro dos filhos vai além da escolha profissional, dá-se em todas as áreas da realização humana. Esperam não só que os filhos sigam uma profissão de nível superior, de *status* social definido, mas também formem uma família, conquistem um bom emprego e assim seja muito felizes!

Essa é a dimensão de felicidade esperada pelos pais, para seus filhos, não percebendo que, se ela é válida para os pais até o momento, não necessariamente é a proposta de vida de seus filhos numa sociedade em que os valores estão se modificando rapidamente e são bem diferentes dos de alguns anos atrás.

Eles pensam que a felicidade é uma carreira, depois um emprego, pensar em uma família... eles querem a felicidade, mas com os princípios da cabeça deles, é isto... (Giuliano)

Na maioria das vezes o jovem concorda com os pais sobre aonde quer chegar, mas o caminho, o tipo de casamento, de profissão e de formação (se é na universidade ou não) não coincidem, necessariamente.

[...] eu quero casar, ter filhos, mas o caminho é outro e não o mesmo do meus pais. Eles pensam que é só isso, só estudar, se formar, arrumar um emprego, arrumar dinheiro, um apartamento, mas não é. Tem muita coisa além disso, é difícil dizer agora como eu

vou viver, mas assim como eles querem, mais parece um computador: estudar, arrumar dinheiro, casar... (Patrícia)

Segundo Slavutzky:

No momento em que a criança nasce poderíamos dizer que ela é um antigo-futuro sujeito. Futuro, pois tem uma vida pela frente; antigo, pois há toda uma história antes do nascimento, não só de seus pais, como também a dimensão têmporo-espacial na qual está situada: campo ou cidade, África ou América, o ano do nascimento, a classe social. (1983: 81)

[...] O mundo familiar, embora tendo certa autonomia social, por outro lado está subordinado a leis sociais ou à sociedade. A família predomina na educação inicial, a repressão das pulsões, a aquisição da linguagem... e uma série de valores morais, éticos, de costumes; enfim, a cultura da sociedade é veiculada ao indivíduo fundamentalmente pela família. (Slavutzky, 1983: 80)

A valorização pessoal dá-se, em nossa sociedade, em razão do *status* profissional adquirido. O jovem, também influenciado por essas idéias, busca na profissão uma maneira de sentir-se mais valorizado.

Eu quero escolher uma profissão que me faça feliz. Quero formar uma família, ser alguém com muito valor! (Joana)

Essa questão do valor apresenta-se também em relação à posição na ordem de nascimento. Muitas vezes a escolha de uma profissão mais valorizada socialmente por um filho mais moço aparece em razão de ele querer sentir-se mais importante e querido, em sua família.

Um jovem, cujos pais viveram no interior como camponeses durante a sua infância, vem morar na capital e todos os irmãos estudam na universidade. Ele trabalha num banco há vários anos e tem uma situação financeira boa, contudo tem uma vontade muito grande de cursar uma faculdade. Fez várias vezes o vestibular e com muita dificuldade foi aprovado no interior do estado. Procura orientação profissional, pois não está satisfeito com a sua escolha (economia, que poderá ser-lhe útil no banco), porque o seu sonho é fazer medicina, como uma das irmãs mais moças por quem tem profunda admiração. Mostra-se indeciso, visto que também gostaria muito de ser um empresário, de ter o seu próprio negócio.

Nesse caso podemos observar o conflito entre, por um lado, o valor social e familiar da realização de um curso superior e, por outro, o interesse pessoal do jovem em ser comerciante. O jovem percebeu a escolha da medicina relacionada a sua situação familiar, em que todos cursavam universidade e ele se sentia inferior e *diferente* por causa disso.

O mundo familiar, portanto, pode levar uma pessoa a escolher um destino diferente daquele para o qual se sente inclinado a viver, em razão de sua inserção em determinado tipo de família. A necessidade de sentir-se amado na família leva-o a agir dessa maneira, na maioria das vezes inconscientemente.

A problemática da escolha de uma profissão começa a ser traçada desde cedo, quando a criança dá seus primeiros passos, e até mesmo durante o período de gestação.

Quando a criança movimenta-se no ventre materno e a mãe o sente, popularmente costuma-se dizer: "Ah! se for menino vai ser jogador de futebol, porque ele já sabe chutar!". Observa-se que desde o período pré-natal já se cogita a futura profissão do novo indivíduo. (Eliane)

Assim os pais, muitas vezes, procuram sugerir aos filhos que trilhem um futuro que eles, por algum motivo, não puderam seguir. Alguns jovens comentam sobre a vontade de seus pais de terem seguido profissões como direito, medicina e, por não terem tido condições de fazê-lo, pressionam seus filhos nesse sentido. Nem sempre os filhos estão cientes de tal influência, chegando muitas vezes a negar o fato.

Jovens indecisos algumas vezes dizem ter escutado de seus pais frases como: "Se não sabes o que queres, faça medicina..." ou "Se não sabes o que queres, faça odontologia ou enfermagem...". Nesses comentários fica evidente a projeção dos pais, nos filhos, de seus sonhos não realizados e o quanto eles não estão preparados para a escolha do jovem. Talvez nunca tenham parado para pensar na importância de escolher; e escolher uma profissão nessa sociedade, aqui e agora, com todos os seus componentes sociais, políticos e econômicos. Os pais têm refletido sobre isso no momento de discutir com seus filhos a sua escolha profissional?

O momento de decisão dos filhos leva os pais a reagirem de forma oposta àquela como foram tratados no momento da sua escolha. Alguns, para não influenciarem, não dizem nada, deixando os filhos mais inseguros ainda, pois essa liberdade dada pelos pais muitas vezes é sentida pelo jovem como falta de atenção, carinho e amor. Os jovens dizem: "[...] minha escolha, tanto faz para meus pais, eles nem estão aí para isto...". Eles se sentem abandonados, e a própria indecisão pode ser um mecanismo utilizado pelo jovem para chamar sobre si a atenção dos pais, a fim de sentir-se mais importante e querido por sua família.

Outras vezes, os familiares, no desejo de ajudar, acabam por deixar o jovem cada vez mais indeciso. A opinião dos pais é muito importante para o jovem, afinal são pessoas em quem ele sempre acreditou, principalmente durante a sua infância. O jovem sabe que os pais querem o melhor para ele, mas isso pode acabar por confundi-lo e limitá-lo ainda mais, em vez de abrir-lhe caminhos para pensar.

[...] às vezes o fato de eles acharem que sabem muito, tentando ter todas as razões, todas as certezas do nosso comportamento, atrapalha, não abre uma brecha para você ir contra isso... (Mariana)

No relato a seguir observamos a ansiedade do jovem em relação ao dia em que ele puder se sentir produzindo e administrando a sua própria vida, em termos profissionais e financeiros. Só assim ele poderá sentir-se útil à sociedade, independente de sua família.

Tu és sustentado pelo teu pai, e estás com vontade de ter o teu dinheiro. Está bem, vou esperar chegar o meu dia também, mas tem que chegar logo, o tempo passa, a gente vai ficando mais velho, a gente tem que produzir, produzir logo... (Jorge)

Alguns jovens vêem na escolha profissional um passo a mais na busca da independência, sobretudo a econômica. Por isso a escolha assume um papel tão importante em suas vidas: não querem errar, não podem perder tempo...

Quanto à instituição familiar, a pessoa mantém vínculos de especialíssima importância. Encontra-se, precisamente, num momento particular de sua vida, em que pretende "dessatelizar-se", separando-se de um sistema do qual é um elemento periférico, para converter-se em um núcleo de outro sistema. (Bohoslavsky, 1981: 51)

Segundo esse autor o jovem busca por meio dessa escolha uma possibilidade de desligar-se de sua família e da dependência econômica, para poder formar a sua família e se inserir no sistema produtivo, ganhando também, assim, o seu sustento.

Os jovens têm uma percepção de seus pais que nem sempre corresponde às verdadeiras idéias deles. Preocupados muitas vezes em cumprir as expectativas que eles supõem serem as dos pais, não percebem a real situação. Certos pais, conscientes de todas as dificuldades inerentes à universidade nesse momento, gostariam de ver seus filhos escolhendo outro caminho, mas por não verem uma outra saída nem chegam a estimular os filhos nesse sentido.

Para algumas famílias, não fazer uma faculdade pode significar algo muito problemático, uma vez que os pais investem desde cedo na educação dos filhos com esse objetivo. Freqüentemente, os pais não chegam a falar sobre isso, mas manifestam seus sentimentos por gestos, comportamentos, percebidos pelos jovens muitas vezes como uma imposição. Outras vezes suas idéias são manifestadas:

Meus pais falaram assim, faz odontologia e depois de te formar, podes trabalhar no que tu gostares, tu já tens o diploma... (Miguel)

Para algumas famílias, ter um filho *diplomado* é mais importante do que a vontade e o interesse desse jovem, os quais ficam, portanto, em segundo plano. É um desrespeito para com o filho, em razão desse ideal.

Por que estudar uma profissão, cursar uma faculdade, é tão importante assim para os pais? Por trás disso há um sentimento de resignação, de aceitação de toda a parafernália aí construída por uma sociedade que prega o liberalismo como forma de igualdade de condições. Constata-se aí a importância de um trabalho de conscientização das famílias, para que elas possam perceber com maior clareza o contexto no qual estão vivendo e como estão influindo na vida de seus filhos.

A pressão da família dá-se muitas vezes na expectativa de o filho passar no vestibular, sendo este o valor principal, não importando, muitas vezes, o curso escolhido. Isso deixa também o jovem confuso entre seus valores pessoais (fazer o que deseja e gosta) e os familiares-sociais (passar no vestibular e tornar-se um universitário).

As identificações com o grupo familiar também estão presentes. O fato de o filho seguir a profissão do pai é, em algumas famílias, muito importante. Outro fato comum é o irmão menor escolher a mesma profissão do irmão mais velho. Parece-lhe mais fácil seguir um caminho já aberto anteriormente. Conforme a dinâmica familiar, esse fato pode ser fruto também de uma identidade de interesses entre os irmãos e da possibilidade de ser feito um trabalho conjunto e de maneira cooperativa. Outras vezes, o ciúme ou até mesmo a luta pelo *poder*, pelo carinho e pela atenção dos pais leva a incessantes brigas e desentendimentos, a uma situação de competição que, não raro, tem como conseqüência a existência de profissionais medíocres, mais preocupados em brigar com os irmãos para ser o melhor do que propor um trabalho de boa qualidade à sociedade.

Cooper postula quatro fatores que operam na família. Entre eles é importante ressaltar:

> a família é especialista em estabelecer papéis para os seus membros, mais do que criar condições para cada um assumir livremente a sua identidade. (1980: 21)

Alguns exemplos típicos, em várias situações familiares diferentes:

Meu pai queria que eu fosse advogada, ele diz que eu tenho muito jeito para isso. Na mesa, quando estão todos almoçando e surge alguma briga ou discussão, eu já vou logo querendo resolver o problema, fazendo a mediação. Então ele quer que eu seja advogada, "eu tenho jeito para isto". (Madalena)

Minha mãe é advogada, só que não exerce porque trabalha no serviço público e lá não existe possibilidade. Então ela quer que eu faça Direito. (Carla)

Quanto à relação entre profissão e posição dos filhos na família, existe pouca bibliografia disponível, portanto a autora tem-se limitado a descrever fatos, na sua maioria frutos de sua observação e da de outros profissionais pesquisadores desse tema.

O filho mais velho é aquele no qual os pais depositam as maiores expectativas. São eles que devem cumprir o primeiro projeto dos pais. Em geral são os mais cobrados a passar no vestibular, a escolher um curso de *status* social reconhecido. São, também, os que mais têm procurado o Serviço de Orientação Profissional. Estes apresentam uma angústia muito grande no momento da escolha, sentem-se pressionados a satisfazer uma série de desejos dos pais, como já vimos anteriormente. Não raro chegam com dúvidas a respeito de fazer medicina, odontologia ou engenharia em conflito com as profissões ligadas à arte, ao teatro e à música. Adler nos diz: *"o filho mais velho é geralmente aquele a que se emprestam qualidades suficientes para vir a ser o auxiliar ou substituir seus pais (1965: 154)".*

Se, por um lado, esse fato o deixa em situação privilegiada em relação aos outros irmãos, por outro, vê-se obrigado a satisfazer uma série de expectativas colocadas sobre ele pelos pais. Classicamente, o primogênito é o mais responsável, defensor dos menores. Mas tais características podem não combinar com sua personalidade e seu jeito de ser. Terá, por exemplo, uma infância infeliz, privado de suas brincadeiras livres e descontraídas, por ser responsável pelo cuidado dos irmãos. Mas no momento de escolher a profissão, e fazer o vestibular, sente-se na responsabilidade de fazer bem e de ser aprovado, pois *é o exemplo da família.*

Nas famílias mais pobres, entretanto, esse cuidado para com os irmãos é imprescindível, pois os pais necessitam trabalhar fora. Muitas vezes ocorre de o irmão mais velho começar a trabalhar cedo, para auxiliar no sustento da casa, e não ter possibilidade de estudar. Mais tarde, quando vê seus irmãos mais moços formados, sente certa tristeza por não ter tido a mesma oportunidade. Muitas vezes foi ele quem sustentou os estudos dos irmãos, e por isso espera receber um reconhecimento, que nem sempre acontece.

O primeiro sempre tem mais privilégios e eu admirava o meu irmão mais velho por isso. Eu queria ser como ele. Mas não era muito bom ser o segundo, porque ele mandava em mim, e eu acabava ficando com tudo que não servia mais nele, desde as roupas até a bicicleta. (Miguel)

Quando chega o segundo, o primogênito defende o seu espaço e será um defensor sempre, seja das tradições familiares ou dos irmãos. Ele é um idealista, mas está tão arraigado em suas posições que nem sempre atinge seus ideais.

O segundo filho, em algumas famílias, sente necessidade de lutar contra o poder exercido sobre ele pelo irmão mais velho. Procura ultrapassá-lo em todas as atividades realizadas, impondo-se uma meta a uma altura inalcançável, sofrendo com isso a vida inteira. Na maioria das vezes, esse filho é o que menos procura ajuda no momento da decisão, pois, ficando a expectativa maior sobre seu irmão mais velho, ele já não tem o compromisso de realizá-la.

O filho do meio parece ser o mais livre das pressões paternas e em geral tem a coragem de assumir seus próprios interesses na escolha ocupacional, mesmo quando estes são desaprovados pelos pais. Muitas vezes, sente pesar mais sobre si a obrigação de passar no vestibular, assim como seus irmãos já passaram, e menos importância é dada pela família sobre a sua escolha profissional.

Se o primogênito é o defensor, o segundo é o conquistador, um admirador do mais velho. Menos sisudo e tenso, tem um caráter mais rebelde, geralmente luta contra a autoridade constituída. Precisa estar sempre se afirmando como diferente do irmão.

É ótimo ser o filho do meio. O mais velho é o mais responsável, o mais novo o preferido e o do meio o mais solto. Me lembro da admiração pelo meu irmão mais velho, era ele quem sempre me conduzia e me ensinava um monte de coisas. (Fernando)

O filho mais moço muitas vezes também se sente pressionado, por recair sobre ele todos os desejos ainda não satisfeitos por seus antecessores.

O filho caçula é aquele em quem não se tem confiança, por isso está sempre querendo provar que é capaz de fazer tudo. Alguns desses filhos acabam por exceder em suas habilidades e aptidões todos os outros membros da família. Outros, ativos e aptos, chegam a ponto de tornarem-se os "salvadores" de suas famílias. (Adler, 1965: 151)

Em famílias nas quais os outros filhos não realizaram a expectativa dos pais, o filho mais moço sente-se na obrigação de fazê-lo. Esse fato muitas vezes gera conflito e o leva a procurar ajuda. Colocá-lo na posição de *salvador da pátria* é confiar-lhe uma responsabilidade que ele muitas vezes não tem condições de assumir. O *status* social de algumas profissões como medicina e engenharia leva certas famílias a almejarem ter, entre os seus filhos, um profissional de uma dessas áreas, sobrando para o caçula a última esperança.

Os pais costumam ser mais permissivos com o terceiro filho, dificultando assim sua escolha, tornando-o mais mimado e cheio de vontades. Outra característica destes filhos é a luta marcante pela obtenção de um ideal. Se ele o alcança, acha que não era bem aquilo que queria. São pessoas voltadas para o futuro, promissoras quando crianças, mas nem sempre realizadas em seus ideais quando adultos.

Sempre levei a culpa de tudo em casa. Mesmo quando tinha razão. Como caçula fui bastante bajulada, mas como meus irmãos eram mais velhos, não queriam a minha companhia, eu precisava sair com o pai e a mãe. (Carla)

O filho único muitas vezes é visto como uma criança parada na soleira da porta aberta, tendo às suas costas a casa e pela frente o mundo. É o filho de soleira, com medo de assumir um dos lados e vivendo sempre essa dualidade. E uma criança solitária, algumas vezes com dificuldades de sociabilidade, mas com um mundo interno muito rico, desenvolvido nas suas vivências solitárias, nas brincadeiras com os amigos invisíveis.

Em geral carrega sobre si toda a expectativa dos pais, pois não tem irmãos com os quais dividi-la. Escolher a profissão por sua vez é muito difícil, quando a sua vontade é contraditória aos desejos dos pais. Esses filhos com freqüência não conseguem escapar ao desejo dos pais, pois as perdas em termos de carinho e apoio seriam tão grandes que eles não ousam arriscar.

A relação estabelecida na dinâmica de cada família e os papéis assumidos por cada membro levam as pessoas a realizarem determinadas escolhas nem sempre coincidentes com as suas reais potencialidades, em virtude de nunca terem parado para analisar a situação mais profundamente.

A escolha pode também responder à necessidade de reparar situações passadas traumatizantes, como jovens com problemas de saúde ou que tenham familiares doentes (pais ou irmãos) podem escolher medicina, enfermagem, ou outra profissão da área de saúde, na tentativa de compreender tudo o que se passou e, quem sabe, resolver o problema. Essa situação nem sempre é percebida pelo jovem, pois se refere a conflitos de natureza inconsciente, e o profissional não tem no momento condições de assinalá-los. Muitas vezes é necessário aconselhar um acompanhamento terapêutico, pois essa escolha poderá não lhe trazer a gratificação esperada e seu desempenho será prejudicado por tais conflitos interiores.

Ocorrem casos nos quais o filho, por sentir-se hostilizado pelo pai quando este não responde à sua expectativa, resolve, então, assumir o contrário de sua vontade. Outras vezes, resolve sujeitar-se para mostrar ao pai que pode fazer o que bem quer. Não raro, o jovem se forma, entrega o diploma aos pais e diz:

Está aí o que vocês queriam que eu fizesse, o diploma de odontologia, agora vou escolher a minha vida, seguindo a carreira do teatro. (Paulo)

Essa situação, para os que olham de fora, como nós, parece muito simples, mas para o jovem é de difícil solução. Aparecem nos grupos de orientação jovens dizendo:

[...] vou me formar e entregar o diploma para o meu pai, pois não é isso o que eu quero para mim... (Joaquim)

O trabalho em grupo muitas vezes não é suficiente para auxiliar o jovem a libertar-se dessa pressão familiar; logo, incluir os pais no processo de orientação profissional é importante.

É importante também conhecer a relação dos pais com as suas respectivas atividades profissionais, se eles estão se sentindo satisfeitos ou não. Observa-se muitas vezes pais insatisfeitos com seus trabalhos transmitirem esse sentimento ao jovem, levando-o a se sentir inconscientemente motivado a exercer a profissão que os pais desejavam ter seguido e, por algum motivo, não foi possível. O jovem tem a esperança de assim poder ser feliz, bem como fazer o seu pai feliz. Essa escolha nem sempre é levada adiante, pois quando o jovem se dá conta disso, e conscientiza-se da impossibilidade de fazer da sua vida a continuação da vida de seus pais, decide escolher os seus próprios caminhos. Assim, mais tarde, não poderá reclamar de não ser feliz, assim como seu pai faz agora, nem querer que seu filho faça aquilo que ele não fez.

Fatores psicológicos

Em primeiro lugar, dentre os fatores psicológicos, precisamos considerar o conhecimento do jovem sobre si mesmo. A escola não estimula o jovem à reflexão pessoal. Este chega ao grupo bastante alienado de si mesmo, dizendo não saber o que deseja, pois acha que não tem interesse por nada, nem condições de desempenhar bem qualquer atividade.

É necessário dar oportunidades ao jovem *para pensar em si mesmo*, levá-lo a refletir sobre o seu dia-a-dia, ajudá-lo a tomar consciência de si mesmo, das coisas que ele gosta mais de fazer, de suas habilidades, bem como do que ele precisa desenvolver mais, de quais são suas capacidades reconhecidas pelos colegas e amigos. Inúmeras vezes assistimos a jovens surpreenderem-se com revelações de companheiros quanto à percepção de suas habilidades pessoais.

Pensar com o jovem sobre o seu cotidiano, sua experiência passada, como era em seu tempo de criança, suas brincadeiras preferidas, se continuou desenvolvendo aquelas habilidades e, se parou, por que o fez. Lembrar com ele suas travessuras no colégio, atividades que normalmente implicavam raciocínios muito inteligentes e nunca foram valorizadas — eis alguns procedimentos para levar o jovem ao autoconhecimento.

É necessário considerar as experiências vivenciadas pelo jovem em relação às diversas profissões, por exemplo, se costumava visitar a loja de comércio de seu tio e permanecer com ele várias tardes, atendendo os fregueses e atuando de caixa. O que essas experiências podem significar para ele agora, no momento da escolha da profissão?

Outras experiências marcantes dizem respeito àquelas profissões com as quais o jovem precisou entrar em contato em situações difíceis, como sofrer uma cirurgia e ter de experienciar uma hospitalização. Para cada pessoa, uma experiência como esta poderá assumir significados muito diferentes. Pode ser positivo, quando foi bem atendido pelos profissionais e se sentiu acolhido no hospital; e negativo, se a experiência lhe causou medo e ansiedade.

A motivação do jovem na busca de determinada profissão é difícil de detectar, por ser em geral inconsciente. É preciso ter claro se essa escolha não está respondendo a um sintoma, podendo nesse caso trazer mais desprazer do que alegria para o jovem. Dessa maneira o orientador deve estar certo do momento de intervir para não deixar o problema ser levado em frente. Muitas vezes não é o caso de não fazer a escolha, mas sim de ter claros os seus motivos.

O conhecimento de si mesmo leva o jovem a perceber-se vivendo um período de crise — está deixando de ser criança para ser um adulto — e a escolha da profissão aparece como a porta de entrada para esse novo mundo. Por ser um período de transição, o jovem sente-se confuso, sem saber bem quem é e quem deseja ser.

A crise da adolescência pode ser entendida como a ruptura de uma forma estabelecida de relação, isto é, aquela forma infantil de conseguir as coisas deverá ser alterada por mecanismos mais adultos de relacionamento.

As escolhas feitas pelo jovem nesse período não dizem respeito apenas à profissão, mas também ao parceiro, à religião, à participação política etc.; elas têm relação direta com as experiências de vida anteriores, com as identificações estabelecidas desde a infância.

Quanto à escolha profissional, as identificações com os pais, principalmente, com tios, avós, irmãos e, muitas vezes também, com professores e amigos são as mais importantes. A escolha da profissão é um aspecto da identidade ocupacional e, portanto, é fator importante na formação da identidade pessoal do jovem, em formação durante o período da adolescência.

Um jovem adquire a sua identidade ocupacional quando integra suas diferentes identificações e sabe o que deseja fazer, de que modo e em que contexto. Todo conflito em relação à escolha de uma maneira de ser mediante algo que fazer (uma profissão) expressa uma não-integração de identidades diversas.

Outro fator importante a ser considerado é a maturidade para escolher. O amadurecimento vocacional não pode ser confundido com o amadurecimento físico. Só porque o jovem atinge os 18 anos não quer dizer que ele já tenha condições de escolher a sua profissão.

Segundo Bühler (in: Bohoslavsky, 1981: 68), a vinculação dos indivíduos em relação às ocupações passa, evolutivamente, por cinco etapas e cada uma delas oferece características e determinantes específicas. São elas:

1) crescimento (até 14 anos);
2) exploração (15 aos 24 anos) subdividida em: tentativa, transição e ensaio;
3) estabelecimento (25 aos 44 anos);
4) manutenção; e
5) declínio.

O período de escolha do curso superior compreende o período de exploração. Constata-se na realidade uma dificuldade grande de o jovem encontrar espaços em que ele possa explorar, experimentar, viver cada uma das diferentes profissões. Nos países socialistas, nas décadas de 1980-90, existiam escolas vocacionais onde os jovens freqüentavam semanalmente, por um período de três horas, cada uma das oficinas profissionais, totalizando mais de 200 profissões. Após realizar esse estágio, ele terá bem mais condições de escolher uma profissão dentro de uma prática conhecida e poderá avaliar a maneira como deverá integrar-se nela.

Infelizmente, no Brasil, os jovens entram na universidade e trocam de um curso para outro, perdendo seu tempo, às vezes de três a quatro anos, até encontrar aquele que realmente desejam seguir. Enquanto isso, ficam ocupando vagas de outros jovens, talvez mais seguros e determinados a freqüentar aquele curso do que eles.

Se eu pudesse entrar em todos os cursos e depois ir trocando, fazer trabalhos, estágios... (Gabriel)

Nessa citação vê-se como o jovem sente necessidade de experienciar as diversas situações para poder escolher com mais segurança. Esse posicionamento encontra-se amplamente defendido na literatura disponível.

A ativação do desenvolvimento vocacional implica experiências que devem ser vivenciadas, tratadas cognitivamente e integradas lógica e psicologicamente. A integração psicológica consiste em relacionar a experiência atual, tal como é vivida, com o comportamento das experiências já organizadas no sujeito, de maneira que o acontecimento é incorporado à sua história, pois toda a aprendizagem supõe, por definição, transformar algo novo em familiar. (Pelletier, 1982: 87-8)

A percepção do jovem sobre sua dinâmica familiar é outro fator importante a ser considerado. Em geral, em toda família, cada membro assume papéis que deverão ser cumpridos no decorrer de sua vida. Se o jovem tem consciência de como esse fato ocorre com ele, terá mais condições de compreender o seu papel naquela família e tentar escolher da forma mais autônoma possível.

Muitas vezes o jovem, além de não ter consciência do *lugar que ele ocupa na família*, resiste em aceitar uma ponderação do colega ou mesmo do psicólogo nesse sentido.

Logo, a dificuldade de se fazer o trabalho de conscientização é tanta, e são tão profundos os fatores determinantes da escolha profissional, que apenas o fato de citá-los e comentá-los não leva a uma mudança de atitude nem a uma decisão mais livre.

Existe a questão da urgência na tomada de decisões, quando o jovem procura o orientador na véspera da inscrição para o vestibular, impossibilitando a realização de um trabalho de orientação profissional mais demorado e mais completo. Muitas vezes o próprio orientador cai neste *jogo* e realiza um trabalho rápido, sem aprofundamento. Talvez nesse pequeno período de tempo se consiga mostrar ao jovem a importância da escolha consciente e levá-lo a procurar um atendimento de orientação mais completo em outro momento de sua vida.

O projeto de vida do jovem para si mesmo implica a possibilidade de projetar-se no futuro, poder imaginar-se desempenhando um papel na sociedade e sentir-se inserido no sistema de produção. Nem sempre o jovem consegue visualizar-se nessa situação.

De que adianta o jovem conhecer superficialmente inúmeras profissões se não sabe imaginar-se nelas, se não consegue sensibilizar-se em relação aos problemas, se não relaciona esses papéis profissionais a seus próprios interesses, se não consegue interpretar o mundo do trabalho em função de suas capacidades e necessidades?

Portanto, a maturidade vocacional não implica apenas o conhecimento das profissões, mas, antes de tudo, a integração delas com a experiência de vida. Isto é, cada profissão só é vivenciada pelo jovem quando é possível integrá-la no seu contexto pessoal.

A escolha profissional não é algo que acontece de um instante para outro na vida das pessoas. Ela é parte de todo um processo de crescimento e reflexão pessoal, bem como do conhecimento das profissões e de como a atividade profissional se insere no social, sua participação no modo de produção, sua contribuição para acumulação de capital etc.

A gente não conhece as profissões, a gente tem mais ou menos uma idéia das profissões e é difícil escolher; como tu vais escolher uma coisa que tu não conheces? No colégio devia ter uma forma de mostrar para a gente as profissões... (Joana)

Para o jovem escolher é preciso estar preparado psicologicamente, e os fatores externos (família, escola, sociedade) devem auxiliá-lo nesse momento, oferecendo-lhe as condições para que isso ocorra.

Apesar de ser importante um período para o amadurecimento pessoal da escolha, na realidade ela se dá determinada pelo tempo externo. O jovem é obrigado a decidir-se até a metade do ano anterior ao vestibular (ou seja, em geral entre os meses de agosto e setembro), quando ocorrem as inscrições nas universidades públicas e gratuitas. Essa opção, uma vez feita, só poderá ser trocada no próximo vestibular.

Na realidade, o jovem é levado a escolher qualquer curso, só para não perder a oportunidade de fazer o vestibular, e na maioria das vezes ainda não está seguro de sua escolha. Ingressando na universidade, muitas vezes acaba gostando da escolha feita e permanece nela; outras, deixa o curso e tenta o vestibular novamente. Outros chegam até a formatura afirmando com freqüência não ser aquela a profissão desejada, mas como começaram vão terminar (existem, com certeza, outras razões por trás desta que é a manifestada).

Muitas vezes, o pensar no *ser quando crescer no futuro* dá-se na infância e freqüentemente a escolha mantém-se até a idade adulta.

Eu penso quando será que surgiu essa vontade, eu não sei... desde pequeno meu tio me levava para visitar o hospital... durante um tempo a gente não pensa mais, pois já traz essa decisão da infância. (Fernando)

Mas, ao mesmo tempo que o jovem traz a decisão da infância, ele procura a orientação para certificar-se de que realizou uma boa escolha. Isso é válido, pois as escolhas infantis podem estar carregadas de identificações conflituosas, agravadas na prática da profissão ou mesmo antes, durante o período de formação profissional.

É ilustrativo o caso de uma jovem que escolheu estudar medicina mas não sabia bem por quê. Quando lhe foi perguntado se lembrava de alguma situação na sua família na qual a doença estivesse presente, a jovem começou a relatar a doença de sua mãe, que viveu toda a vida cheia de cuidados, precisando ficar longos períodos na cama sem poder levantar-se. A jovem contou com muita emoção experiências vivenciadas junto com a mãe doente, ficando clara a sua necessidade de, por meio da medicina, explicar para si mesma e para a mãe o que vinha se passando com ela e, quem sabe, pelo estudo, poder curar a mãe. Nesse caso a escolha da profissão está ligada à necessidade da jovem de atuar no próprio âmbito familiar com a sua profissão. É uma escolha determinada pelo conflito interno entre a raiva da mãe por ela não ter lhe dado a atenção desejada quando criança (por causa da doença) e a vontade de poder curá-la. Tal exemplo nos ajuda a verificar como a escolha da profissão pode estar ligada a fatores inconscientes, bem como o fato de tornar consciente pode auxiliar a evitar frustrações maiores no futuro.

O ingresso no ensino médio em geral leva o jovem a preocupar-se com a necessidade de escolher. As matérias mais voltadas para uma prática profissional despertam o seu interesse. A influência e a participação dos professores nessa época são muito importantes, pois a inserção do jovem no mundo do trabalho vai depender de como ele relaciona a sua matéria com a prática. Há professores que enriquecem suas aulas dando exemplos práticos do dia-a-dia para ilustrar a matéria explicada. Outros, no entanto, deixam sua matéria muito longe da realidade, levando muitos jovens a afastarem-se dela, mesmo tendo condições de desempenhá-la bem.

A escolha profissional possível

As teorias de orientação profissional, assim como aquelas que se referem à questão do projeto profissional, nos mostram a importância de se estudar o dinamismo familiar sem esquecer a historicidade em que ele é construído. Quando se fala em orientação profissional, o projeto para o futuro dos filhos é parte integrante da família e deve ser considerado.

O projeto profissional pode significar o modo como o jovem é obrigado a tomar uma série de decisões quanto a seu futuro. Dessa maneira, o projeto adolescente obedece freqüentemente a uma injunção paradoxal: o ambiente do jovem pressiona-o a saber o que ele deseja fazer mais tarde, a elaborar um projeto e, ao mesmo tempo, apresenta obstáculos tais que o impedem de realizar um bom número de projetos.

O projeto profissional do jovem se constrói no seio de uma família. Pode apresentar-se a dificuldade de autonomia em relação às influências familiares, e as conseqüentes implicações de concordâncias e contradições em relação às expectativas dos membros da família. Entre o compromisso de realizar o projeto familiar e a oposição a ele, a internalização pelo jovem dos projetos dos pais é fruto de uma luta, seja ela aberta ou latente, mais ou menos viva, de acordo com o caso, mas sempre presente.

É importante o orientador profissional ter claro que todos esses *fatores* enumerados anteriormente estão presentes no momento da escolha profissional do jovem. Eles interferem de uma forma dinâmica e diferenciada. É função da orientação profissional AJUDAR o jovem a encontrar os *fatores pessoais* que estão dificultando a sua escolha de forma especial. Cada sujeito, com sua estrutura psicológica pessoal e familiar diferenciada dos demais, sofrerá diferentemente as influências do meio.

Para alguns, os fatores sociais, a questão do *status* da profissão, as melhores possibilidades do mercado de trabalho podem ser os verdadeiros determinantes naquele momento da escolha. Para outros, querer agradar aos pais, seguindo aquela profissão esperada por eles, e muitas vezes com possibilidade de trabalho na empresa familiar, é o que se impõe como prioritário em sua decisão. Uma jovem pode querer, de forma autônoma fazer medicina, mas, por ser filha de família pobre, não tem condições de se sustentar num cursinho e depois numa faculdade privada; nesse caso são os fatores econômicos, sociais e culturais que impedem a sua realização profissional. Outras vezes ainda é a falta de informação e esclarecimento dos pais e da escola, e o filho acaba escolhendo *qualquer coisa* só para poder inscrever-se no vestibular e não se excluir dessa etapa de sua vida escolar.

É preciso ter claro, então, que não existe uma escolha profissional ÚNICA e DEFINITIVA. O que vai existir sempre é uma escolha possível, dentro de determinadas possibilidades e contingências.

4

A profissão

Ao iniciar a elaboração deste capítulo, eu me preocupava com a questão do título a ser dado: *"O trabalho"* ou *"A profissão"*? Afinal, o que a pessoa vem buscar?

Sempre penso na orientação profissional como uma intervenção psicológica, com o objetivo de abordar a relação homem—trabalho, nas suas mais diferentes concepções, seja no que diz respeito à escolha dos estudos a seguir, aos conflitos que surgem no desempenho do papel profissional ou ainda à reorientação ou ao planejamento de carreira.

Profissão ou trabalho?

Para me decidir, busquei auxílio no dicionário a fim de definir melhor o que significa cada um desses conceitos. Ferreira (1975) apresenta as seguintes definições:

"Profissão — 1. Ato ou efeito de professar (preencher as funções inerentes a um cargo ou profissão); 2. Condição social, estado; 3. Atividade ou ocupação especializada, da qual se pode tirar os meios de subsistência, ofício; 4. Meio de vida, emprego, ocupação".

"Trabalho — 1. Aplicação das forças e faculdades humanas para alcançar um determinado fim: o trabalho permite ao homem certo domínio sobre a natureza; 2. Atividade coordenada, de caráter físico e ou intelectual, necessária à realização de qualquer tarefa, serviço ou empreendimento; 3. O exercício dessa atividade como ocupação, ofício, profissão".

"Trabalhar — do latim *tripaliare*, martirizar com o *tripalium* (instrumento de tortura) 1. Ocupar-se de algum mister, exercer o seu ofício, aplicar sua atividade".

Decidi então intitular o capítulo "A profissão", por ser esta a definição que o jovem vem buscar quando procura a orientação profissional. Ele vem em busca de um curso superior, de uma profissão.

Desenvolvo o capítulo abordando também a questão do trabalho, visto ser essa a ênfase que procuro dar na atividade com os jovens e adultos. Penso ser esta, realmente, a preocupação maior do ser humano — o seu engajamento com o trabalho.

O que significa o trabalho na vida das pessoas? Como cada um se sente em relação ao trabalho realizado ou que pretende desempenhar? Qual a expectativa de vida representada pelo trabalho na vida de cada um? Em que situações se pode escolher um trabalho, se é que se escolhe? *"O trabalho se aprende primeiro como brincadeira, depois como colaboração no lar e, finalmente, mediante as tarefas escolares"* (Soifer, 1983: 23).

Podemos observar como, desde cedo, as crianças já se referem às suas atividades escolares como se fossem o seu trabalho. Esse fato deve-se, sobretudo, à sua necessidade de se identificar com os pais. Estes, quando falam de seu trabalho para as crianças, não percebem que já estão influenciando na maneira como ela vai perceber o trabalho no futuro. Observando-se as crianças em suas brincadeiras, as vemos imitar as expressões de seus pais quando dizem: "papai não pode te levar ao parque agora, porque está cansado de tanto trabalhar". *"O prazer obtido com o jogo se transfere posteriormente para o trabalho".* (Soifer, 1983: 29)

Daí a importância de a criança poder brincar livremente, criando suas próprias brincadeiras, e de ser estimulada a experienciar os papéis adultos, para já ir formando a sua identidade e também poder entender melhor os pais, com suas responsabilidades no trabalho.

O tipo de vínculo ou relação interpessoal que a pessoa estabelece durante o trabalho pode levar a um enriquecimento da personalidade ou pode fazer adoecer. (Bleger, 1980: 63)

O vínculo já se estabelece na primeira infância, em geral com as profissões dos pais e das pessoas mais próximas da criança, como tios e avós. Várias vezes os jovens comentam que seu primeiro contato com determinadas profissões foi devido a uma visita ao local de trabalho do pai ou tio, e essa experiência pode ter sido marcante a ponto de ele estar agora escolhendo a mesma profissão.

Outras profissões, muitas vezes, estão carregadas de lembranças tristes, logo o jovem não quer nem pensar em escolhê-las. É o caso, por exemplo, de crianças com sérios problemas de saúde e uma lembrança traumatizante do médico ou da experiência de hospitalização. Outras vezes, essa mesma situação ocorre em relação ao dentista.

Podem acontecer situações nas quais a escolha da profissão e seu posterior desempenho possam vir a influir na saúde mental da pessoa. Ocorre na maioria das vezes quando a profissão exige determinada habilidade que, presente na pessoa (de forma sintomática), a partir da prática do trabalho venha a ser acentuada, contribuindo assim para o agravamento daquele sintoma. Por exemplo, um indivíduo com traços de personalidades do tipo obsessivo, sempre preocupado com a ordem, a organização e com a limpeza, se vier a escolher biblioteconomia, pode desenvolver tais aspectos de forma muito contundente, a ponto de se tornarem insuportáveis. Nesse caso, escolher outro tipo de profissão que não exija essas características pode ser uma solução mais adequada.

Trabalho é qualquer atividade desenvolvida pelo homem ao produzir algo útil para a comunidade. O trabalho existe em razão do homem e para o homem. Sempre estará relacionado com algum benefício social, alcançado direta ou indiretamente.

É através do trabalho que os homens melhoram suas condições de existência; hoje em dia essas condições encontram-se em constante aperfeiçoamento, não sendo, porém, usufruídas por todos. (Vanessa)

O trabalho deve gerar condições mínimas para os homens sobreviverem, recebendo em troca pelo seu trabalho educação, saúde, alimentação e moradia, para si e para sua família.

Na sociedade capitalista em que vivemos, as profissões que geram de alguma maneira o capital (tecnologia, indústrias, comércio) são valorizadas, enquanto aquelas que não têm por objetivo a obtenção de lucro são marginalizadas (artes, música, pintura, escultura, artesanato, serviços domésticos, atividades culturais de uma forma mais geral). (Victória)

O trabalho é parte integrante da vida de qualquer pessoa. Vivemos em uma sociedade em que nossa participação dá-se, fundamentalmente, mediante o trabalho realizado.

Em cada sociedade, a inserção de indivíduos no processo produtivo supõe a realização de um projeto social a ser elaborado tendo em vista todo o povo que dele participa. Em geral ele é elaborado por alguns membros da sociedade, não levando em consideração as necessidades de todas as pessoas.

Temos observado no momento atual, na sociedade capitalista dependente, que o trabalho tem representado somente a possibilidade de sobrevivência para a maioria do povo brasileiro, e não uma possibilidade de realização e crescimento pessoal. Quando se diz possibilidade, quer se dizer que não é para todos, uma vez que morrem de fome, diariamente, centenas de crianças; há cada vez mais desempregados e assalariados tendo de sustentar uma família com apenas um salário mínimo.

Para uma grande maioria de pessoas esse salário não supre nem sequer os gastos com a alimentação, tanto menos com saúde, moradia, transporte e educação. Estes não têm sequer a possibilidade de escolha, trabalham onde é possível, onde há emprego.

As pessoas não possuem muitas oportunidades de escolher aquilo que querem fazer, acabando por reduzir a importância de seu trabalho à quantidade de comida no final do mês. (Eliete)

Mas, como é inerente ao capitalismo, existe uma parcela pequena da população que pode visualizar no seu trabalho uma oportunidade de realização pessoal. Estes ainda têm a possibilidade de escolher uma profissão que traga essa satisfação.

E, para essa população, atendida nos grupos de orientação e reorientação profissional, o que o trabalho representa em suas vidas? Partindo do contato com elas, podemos dizer que o trabalho significa a manutenção ou a busca de *status*, realização pessoal ou familiar, independência da família, a aceitação de papéis adultos, necessidade de sustentar-se, entre muitas outras coisas.

A expectativa quanto à escolha de uma profissão está intimamente relacionada ao significado do trabalho para aquele indivíduo em especial, intermediado pelo sentido que ele tem para o seu grupo primário, ou seja, a família.

Dependendo das condições e dos motivos que influenciaram na escolha do trabalho, este poderá ter, e certamente tem, diferentes valores para diferentes pessoas. Para algumas, o trabalho é visto como causador de incômodos e desprazer. Para outros, mera fonte de renda, não estando associado a nenhum tipo de gratificação. Para outros ainda, fonte de grande realização, de prazer, podendo chegar a ser, para alguns, a principal mola propulsora de suas vidas. (Milene)

Outra questão importante a ser discutida é a existência ou não da vocação. O que vem a ser vocação? Ela realmente existe e pode ser encontrada no interior de cada indivíduo? Existem técnicas a serem utilizadas para se descobrir a *verdadeira vocação*?

Observamos a existência de uma crença generalizada nas pessoas de que cada um nasce para determinado trabalho: "é a sua vocação". O jovem, muitas vezes, também tem esta expectativa:

E eu já fiquei esperando essa voz. Sonhava com o dia do "estalo" em mim e eu ia descobrir quem eu era, para que eu servia, e qual era a profissão certa para mim... (Giuliano)

Mas a vocação não existe. Ninguém nasce para uma profissão apenas. Toda história pessoal de cada um, onde nasceu, como viveu, as oportunidades na vida para experimentar uma série de coisas, vai dizer as possibilidades futuras.

Há, isto sim, um desejo muito grande, algumas vezes até uma idéia fixa, de ser alguma coisa. Então as pessoas logo pensam que aquilo é vocação. Na realidade são muitos os determinantes, sendo portanto impossível, depois de analisá-los com profundidade, acreditarmos na existência de uma única vocação.

Como pode alguém ter vocação para trabalhar com computadores se nunca viu um em sua frente e nem sabe o que é? Como pode alguém ter vocação para trabalhar no campo, em contato direto com a terra, se nasceu numa cidade grande e sempre morou em apartamento? (Helena)

Para as pessoas sensíveis e com tendências artísticas, a sociedade não tem um espaço profissional em que elas possam se desenvolver. Há ainda muitos preconceitos em relação às pessoas que optam por fazer da arte a sua atividade profissional, principalmente aquelas que não conseguem tornar-se famosas e conhecidas tão rapidamente para prescindir de outras formas de trabalho como sustento pessoal.

Essas profissões lidam sobretudo com o corpo e a sensibilidade do ser humano, sua personalidade e seu comportamento. Há pessoas muito ligadas a atividades artísticas que continuam realizando-as durante o seu período livre, muitas vezes como *hobby*:

Conheço um enfermeiro que é artista plástico. Faz desenho, pintura, escultura e cerâmica. Quando lhe perguntei por que ele não largava o seu trabalho no hospital, para dedicar-se só à arte, ele respondeu: porque eu gosto de ser enfermeiro e estar sempre em contato com as pessoas. (Helena)

Muitas pessoas não conseguem realizar as duas coisas ao mesmo tempo e sentem-se sempre artistas frustrados, ou eventualmente realizam atividades artísticas, pintando quadros, fazendo cursos de desenho, música ou dança.

É sempre importante avaliar até que ponto a pessoa precisa da realização artística para a sua satisfação pessoal ou quer assumi-la como profissão. A arte pode servir como forma de conhecimento e crescimento pessoal ou ser utilizada em razão dos outros, como um benefício social.

Por exemplo, um bailarino dança por prazer, ensaia oito horas por dia, cuida do seu corpo, dos gestos, da postura, dos mínimos detalhes de cada movimento para no dia da apresentação, no palco, estar tudo na mais perfeita ordem. Essa mesma pessoa, se for trabalhar como professor de dança, é bem provável que tenha uma preocupação e um cotidiano diferentes. Precisará estar atento aos alunos, ter paciência quando um deles não alcança um novo movimento. Talvez nunca vá estar num palco, apenas fará o preparo daqueles que subirão nele. Uma terceira situação é a daquela pessoa que trabalha, em uma atividade qualquer, e faz aulas de dança, três vezes por semana, porque gosta, é divertido e prazeroso, mas não tem comprometimento profissional com a dança. Essas são algumas possibilidades de ligação entre a dança e os indivíduos.

Situações como essas podem ocorrer com as mais diversas atividades humanas. Cada pessoa escolhe trabalhar estabelecendo determinada relação com o objeto de trabalho. A dança pode assumir inúmeras ligações, dependendo do significado que tem para cada pessoa. É importante, portanto, escolher aquela atividade que nos trará maior gratificação, realizando-a por um período extenso de tempo. Outras poderão ser desempenhadas como lazer, ocupando apenas parte do nosso cotidiano.

São muito poucos os privilegiados que conseguem se manter economicamente realizando seu trabalho em poucas horas e usufruindo do restante do tempo com outras atividades. Estes devem estar muito felizes e nunca precisarão de uma orientação profissional. Bleger nos diz que: *"A situação mais feliz é aquela em que o trabalho e o hobby coincidem, no sentido de que o trabalho seja, ao mesmo tempo, uma fonte de prazer"* (1980: 65-6).

Outra questão em relação à arte é a da necessidade ou não de vocação para desempenhá-la bem, ou se é possível aprender a ser artista. Para algumas pessoas, a arte é aprendizagem, em que a prática, o esforço e o interesse podem fazer um artista, assim como um médico precisa de uma formação, ocorrendo a mesma coisa com qualquer outra profissão.

A dificuldade está no limitado número de escolas de formação de artistas no Brasil, e estas se encontram em geral nos grandes centros e nas capitais. Talvez por isso seja confundida com vocação, pois na maioria das vezes os artistas que se sobressaem são com freqüência autodidatas e não freqüentaram nenhum curso de formação de artistas.

É necessário fazer a universidade para profissionalizar-se? Essa é uma questão importante a ser discutida nos grupos. Como se especializar sem cursar uma faculdade?

E se uma jovem de classe média, cuja família incentiva e valoriza o estudo, decidir ser costureira? O que se passará com ela? Provavelmente será vista pelo seu círculo social mais próximo como se não estivesse aproveitando a sua oportunidade pessoal. O fato de escolher tal tipo de profissão supõe um menosprezo social, uma vez que o trabalho manual é desvalorizado. Mas o jovem nem sempre vê a questão dessa maneira:

A costureira pode ser muito mais feliz do que outra pessoa, pois aquela gostaria de ter sido e não teve coragem de ser. (Helena)

Triviños nos diz que:

Afirmamos todos que existe um trabalho intelectual e um trabalho manual. Reconhece-se, em muitos lugares, que o trabalho manual é de natureza inferior e que só é digno o trabalho intelectual. (1984: 51)

Observa-se na prática uma falta de integração, uma dissociação dos fatores pragmáticos e dos fatores teóricos na mesma situação de trabalho. Podermos avaliar um fato sob esses dois pontos de vista é o que devemos almejar, e não estigmatizar o operário enquanto louvamos o acadêmico. A relação trabalho—lazer muitas vezes não está definida para o jovem, que pensa freqüentemente em realizar seu *hobby* como profissão. Essa dimensão prazer—lazer muitas vezes não é clara para a pessoa, buscando na profissão a satisfação proporcionada pela realização livre, descomprometida de normas e horários, que é o lazer.

Para que o homem sinta prazer no seu trabalho é preciso que ele veja, não só sua sobrevivência, mas sua produção pessoal naquilo que faz. (Eliete)

Algumas vezes eles pensam em fazer do esporte, praticado com prazer, a sua profissão. Tal fato está sendo muito valorizado no momento, com a presença constante na televisão de atletas famosos (tênis, vôlei, basquete, futebol, entre outros) e afortunados das mais variadas modalidades, sugerindo aos jovens que qualquer um, inclusive ele, poderá tornar-se um deles.

Outra questão subjacente é a relação trabalho–prazer, desconsiderada na sociedade capitalista alienada, em que o homem não tem consciência do produto do seu trabalho, quanto menos do seu objetivo e fim.

Quando se pode escolher o trabalho que se vai realizar, este pode vir a trazer prazer para a pessoa. (Helena)

O trabalho ocupa grande parte do tempo da vida das pessoas. É essencial a sua escolha ter sido consciente e coerente com os interesses e as necessidades pessoais para que ele seja realizado eficientemente. Uma pessoa exercendo sua profissão com motivação e prazer está se realizando pessoalmente, como também prestando um serviço de melhor qualidade à sociedade. Embora a escolha profissional seja responsabilidade de cada um, as conseqüências da decisão têm inúmeras implicações sociais.

Quando escolhemos uma atividade pela qual temos muito interesse e prazer em realizar, temos mais segurança de que poderemos ser felizes ao desempenhá-la. Teremos mais força de vontade para lutar pelas condições mínimas de trabalho.

Temos observado, no momento atual de crise pela qual passa a sociedade brasileira e o mundo em geral, que mesmo as pessoas certas de suas escolhas sentem muitas dificuldades quanto a se realizar profissionalmente, por causa das inúmeras barreiras sociais, desde a falta de recursos financeiros, materiais e humanos, até o desinteresse dos órgãos competentes na contratação dos diversos serviços profissionais.

Poderíamos citar aqui numerosos exemplos, todavia vamos nos restringir a alguns, apenas. Na área da saúde pública, os médicos, enfermeiros e dentistas, trabalhando em postos de saúde, muitas vezes não têm algodão em quantidade suficiente para realizar os curativos necessários. Isso também ocorre na área de educação, em que os professores, além de serem mal remunerados, encontram salas de aula com número insuficiente de cadeiras para seus alunos, sem mencionar a falta de papel, giz e até luz muitas vezes. E isto não só em escolas públicas de ensino fundamental e médio. A universidade pública também passa por um sucateamento de suas condições mínimas de trabalho nunca antes visto. A pressão exercida pelo MEC é para aumentar cada vez mais o número de alunos matriculados, o número de cursos de pós-graduação (mestrado e doutorado), contudo o número de professores permanece o mesmo de há dez anos.

Outras vezes a pessoa sente-se desmotivada e desiludida quanto ao seu futuro profissional quando depara com o sistema de seleção de pessoal existente na maioria dos órgãos públicos e particulares do nosso país: o famoso e instituído *pistolão* ou QI — Quem Indica. Com muita freqüência esse tema surge quando se fala sobre as oportunidades de trabalho.

E se tu és um bom profissional também, e o outro tem pistolão, o outro entra... Quanta gente não é reconhecida... Essa injustiça social... Conheço um cara que foi crescendo de "puxa-saco" de político e agora tem um emprego de chefe num banco, tem muitos bens, mas é um incompetente. (Gabriel)

O ensino médio volta-se mais à preparação para o vestibular do que à preparação para o trabalho, embora saibamos que apenas uma parcela muito pequena desses jovens, mais ou menos 10%, ingressa na universidade pública e 30%, nas particulares.

Nossa sociedade não oferece alternativas de formação profissional. São poucas as instituições atuantes nesse campo, em geral ligadas à iniciativa privada, não contando com a fiscalização de nenhuma entidade competente. Surgem então numerosos cursos sem qualificação e visando apenas ao lucro e à comercialização de um suposto saber. É só abrir o jornal de domingo das grandes capitais para ver os inúmeros anúncios de cursos. Na maioria das vezes eles são freqüentados por jovens que, já cansados de ser barrados pelo vestibular bem como por não encontrar trabalho pela ausência de qualificação profissional, vêem nesses cursos suas últimas chances de ter uma oportunidade na vida.

O desenvolvimento da carreira

A palavra carreira é utilizada de diferentes maneiras e com diferentes conotações. Muitas vezes *ter uma carreira* significa afirmar que alguém tem uma profissão e sua vida ocupacional é suficientemente estruturada, envolvendo avanços estáveis.

A carreira pode incluir aspectos relativos ao modo de se desenvolver ao longo do tempo, à vida no trabalho da pessoa e como isso é percebido. Esta seria considerada a *carreira interna,* para diferenciá-la da forma como os outros vêem essa pessoa no trabalho, a *carreira externa.* Cada um tem a sua imagem própria da maneira como se vê no trabalho e qual o papel deste em sua vida.

A *carreira externa* refere-se aos atuais degraus requeridos por uma ocupação ou uma organização para progredir mediante essa ocupação. Algumas organizações falam de *career path*, ou seja, os caminhos da carreira, definidos pelo número necessário — ou o mínimo desejável — de degraus pelos quais o ocupante da carreira deve passar para atingir o objetivo final da carreira.

Segundo Shein (1993), do ponto de vida individual, a carreira consiste em unidades significativas ou estágios reconhecidos pelas pessoas e pela sociedade, em que cada unidade ou estágio se prolonga por um certo tempo, que varia imensamente de acordo com a ocupação e com o indivíduo. A seguir o autor[1] propõe dez estágios.

Estágio 1: *Crescimento, fantasia e exploração* — Esse período é usualmente associado à criança e ao início da adolescência, pois a ocupação é um pensamento e a carreira tem pouco significado, exceto em termos de estereótipo e objetivos de *sucesso.*

Estágio 2: *Educação e treinamento* — Dependendo da profissão esse processo pode ser mais ou menos elaborado, desde alguns meses até muitos anos. Existem muitos pontos de mudança durante esse estágio até que os objetivos ocupacionais tornam-se claros.

---

1. Os estágios aqui propostos baseiam-se na pesquisa de Super e foram expandidos com base nas pesquisas de Shein.

Estágio 3: *Entrada no mundo do trabalho* — Para a maioria das pessoas, dependendo do seu nível de preparação, esse é o momento de maior ajustamento entre o que foi aprendido sobre a realidade do trabalho e suas próprias reações. A aprendizagem pessoal começa nesse período, em que se desenvolve o conceito pessoal da ocupação, que envolve as incumbências da carreira com os talentos, as motivações e os valores pessoais.

Estágio 4: *Treinamento básico e socialização* — A duração e a intensidade desse período varia conforme a ocupação, a organização, a complexidade do trabalho e o grau de responsabilidade que a sociedade espera da ocupação. Quanto maior o grau de responsabilidade da ocupação, maior e mais intenso será o período de socialização. Esse estágio é a maior fonte de aprendizagem pessoal porque a organização agora começa a fazer solicitações as quais o indivíduo pode responder.

Estágio 5: *Reconhecimento como membro* — Após a passagem por alguns rituais ou tarefas a pessoa passa por um estágio no qual é aceita como colaboradora integral. Nesse estágio aparece uma imagem de si significativa e de que é aceita como membro de uma ocupação ou organização. Motivos e valores começam a tornar-se claros, bem como a pessoa passa a ter um reconhecimento de seus talentos, suas forças e fraquezas.

Estágio 6: *Reconhecimento de estabilidade e membro permanente* — Durante os cinco a dez primeiros anos da carreira, a maioria das ocupações e organizações determina as possibilidades de estabilidade a fim de que a pessoa possa prever em que medida ela poderá alcançar a estabilidade em longo prazo. A estabilidade existe conforme o trabalho continua existindo.

Estágio 7: *Crise do meio da carreira, reafirmação* — Ainda não está claro se esse período é uma crise ou um estágio. Existe uma evidência de que a maioria das pessoas busca uma reafirmação de si mesmo quando está bem na carreira, questionando-se sobre suas escolhas iniciais: "Entrei na carreira certa?"; ou sobre o nível alcançado: "Realizei tudo o que eu gostaria de ver realizado?"; e sobre o seu futuro: "Devo continuar ou mudar?". Essa reafirmação pode ser traumática, mas a maioria das pessoas acha que é normal e relativamente sem sofrimento. Muitos acabam concluindo: "Finalmente, eu estou fazendo mais do que de fato pensava em fazer em minha vida!".

Estágio 8: *Manutenção do* status, *com vantagem ou descrédito* — Os *insights* obtidos na fase de reafirmação resultam em decisões sobre como deve ser encaminhado o restante da carreira. Cada pessoa, nesse estágio, desenvolve uma solução pessoal para guiá-la nos próximos passos. Para algumas, é a determinação de subir o mais rápido possível, para outras seria redefinir a área de trabalho na qual quer continuar, e para outros, ainda, é um processo complexo de reafirmação, de como equilibrar as solicitações do trabalho, da família e a vida pessoal.

Estágio 9: *Desligamento* — Inevitavelmente a pessoa declina, começa a mostrar-se menos envolvida, a pensar na aposentadoria e a se preparar para esse estágio.

Estágio 10: *Aposentadoria* — Se o indivíduo está ou não preparado para isso, de modo implacável a organização ou a ocupação não demora a ter um papel significativamente diferente, e o indivíduo deve se ajustar. O que acontece com a imagem de si mesmo nesse estágio varia de pessoa para pessoa. Alguns se aposentam mais cedo porque a carreira incentiva isso, ou porque querem desenvolver outras habilidades e valores numa segunda carreira. Para outros, a aposentadoria é traumática, resultando na perda da saúde física e psicológica, chegando até a morte prematura.

Esses estágios fornecem uma espécie de *time-table*, ou seja, um relógio interno para cada pessoa. A seguir uma imagem gráfica que ajuda a perceber a evolução do desenvolvimento das carreiras.

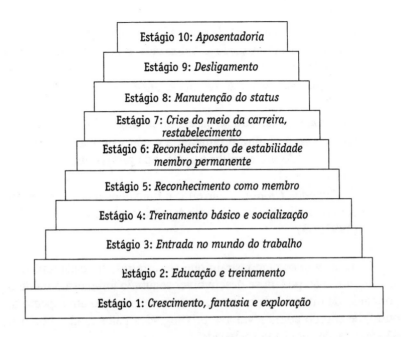

As influências culturais no desenvolvimento da carreira

A idéia de carreira tal como a temos hoje — uma profissão apresentada em etapas e, assim, possibilidades de progressão — surgiu com a sociedade industrial capitalista liberal e, por esse motivo, veicula valores de igualdade, liberdade de êxito individual e de progresso econômico e social. Baseada nessa concepção, a carreira aparece como uma possibilidade para todos; entretanto, na realidade, não é o que acontece, tendo em vista as grandes desigualdades sociais que se expressam, também nos diferentes níveis de escolarização e de formação profissional a que as pessoas têm acesso.

No entanto, apesar das características gerais comuns às carreiras que se desenvolvem na sociedade capitalista, algumas diferenças despontam por conta das diversas culturas, que modificam os modelos de carreira de um país para outro. Assim, por exemplo, pode-se perceber diferenças em uma mesma carreira desenvolvida nas diferentes culturas. Segundo Chanlat:

- no **Japão**: a coletividade é enfatizada, a antigüidade do funcionário na organização é valorizada e predominam valores masculinos;
- na **Alemanha**: valoriza-se sobremaneira a experiência profissional;
- na **França**: a carreira se baseia no prestígio do diploma;
- na **Suécia**: a cultura é igualitária e não valoriza a promoção, privilegiando um equilíbrio entre vida profissional, familiar e o lazer;
- nos **Estados Unidos**: a carreira se funda nos méritos e desempenhos individuais, valorizando-se o espírito empreendedor. (1995: 69)

Esses exemplos demonstram que as carreiras, em cada uma dessas culturas, não podem se desenvolver seguindo um mesmo modelo, por causa da diversidade cultural, sempre valorizando um aspecto ou outro, de acordo com os valores privilegiados pelos modos como se dão as relações em cada sociedade.

Outro aspecto importante a destacar é a dificuldade atual enfrentada por aqueles que almejam desenvolver uma carreira, tendo em vista a situação social, política e econômica, que apresenta diversos paradoxos com relação a essa questão.

Partimos do pressuposto de que o planejamento de carreira baseia-se em fatores como estabilidade no emprego, boa remuneração, futuro profissional relativamente bem traçado, formação adequada e ética no trabalho. Entretanto, a situação contemporânea apresenta diversas contradições diante desses fatores; a realidade econômica atual tem se caracterizado pelo fim do emprego, pelo aumento do desemprego, pela diminuição de empregos bem remunerados, pela ética cada vez menos valorizada no trabalho, pelo predomínio da idéia de imediatismo, consumismo, trabalho pouco gratificante submetido a normas autoritárias, pela crise de valores e do sistema educacional e pelo tempo de trabalho cada vez mais curto, proveniente de demissões em massa e discriminação quanto à idade avançada do trabalhador.

Assim, pelo fato de o panorama se apresentar com tantos pontos negativos e poucas perspectivas, quem deseja construir uma carreira precisa conhecer a realidade e os obstáculos a serem enfrentados, levando em consideração as influências sociais e culturais sobre o seu futuro profissional.

A empregabilidade e a globalização

Globalização...
Transformações...
Novas tecnologias...
Mudanças...
Revoluções pessoais...
Empregabilidade...

(*Empregabilidade*) é o conjunto de capacidades e características pessoais que levam a pessoa a conseguir empregar-se com mais facilidade que outras. Por capacidade entende-se as competências, habilidades, aptidões e a formação profissional (obtida mediante diplomas e freqüência a cursos). As características de personalidade incluem a facilidade na comunicação com as pessoas, no trabalho em grupo, na solução de problemas, iniciativa e criatividade. As experiências nos mais diferentes tipos de atividades também são levadas em consideração. Atualmente muitas empresas multinacionais consideram importante no processo de seleção a vivência dos jovens no exterior para estudar ou mesmo somente para trabalhar.

Estamos inseridos em uma sociedade com constantes modificações. São tantas as novas tecnologias surgidas diariamente em nossas vidas, que nos tornamos incapazes de acompanhá-las em sua totalidade e muito menos entendê-las profundamente. O próprio processo de globalização tem contribuído de maneira bastante significativa no modo de as pessoas agirem e pensarem e mesmo na própria cultura de forma mais ampla.

Nesse contexto está inserida a importância do orientador profissional, sendo-lhe incumbida a função de orientar e informar e não simplesmente indicar qual a melhor direção a ser tomada por aqueles que procuram esse tipo de orientação. Deparamos a cada dia com um número cada vez maior de profissões, não somente as novas, mas principalmente de novas especializações.

O orientador profissional deve mostrar às pessoas as novas tendências profissionais, já que nas instituições de ensino esse tipo de questão costuma ser negligenciado. Daí a importância de os profissionais estarem preparados para atender tal demanda e de o próprio orientador profissional estar em constante reciclagem a fim de se tornar apto a acompanhar as mudanças vividas pela sociedade e sua influência nas pessoas.

O profissional não pode ficar enclausurado em seu *mundinho* apenas colocando em prática aqueles conhecimentos adquiridos, por exemplo, cinco anos atrás, na faculdade. Deve fazer o possível para acompanhar novas práticas, ações e teorias que são criados a cada instante. Dado o contexto, a palavra *atualização* aparece como fundamental nesse processo, pois possibilita ao profissional manter-se sintonizado com as inúmeras transformações sociais.

Hoje, neste início de milênio, com a globalização dos mercados econômicos, as relações entre trabalho e escolha profissional têm se modificado radicalmente. As profissões estão modificando seu perfil, para responder às exigências desse novo mercado, as quais são diferentes das de algumas décadas atrás. Antigamente, era valorizada a fidelidade a uma empresa e a especialização em uma área de conhecimento.

Meu avô sempre trabalhou na mesma empresa, desde menino; ele começou como entregador, passou para vendedor e se aposentou com gerente geral de vendas. Ele jamais trabalhou em outra empresa. Depois de aposentado ele ainda continuou trabalhando por mais cinco anos, a convite do dono. (Giuliano)

Então, o que era valorizado numa seleção para qualquer cargo numa empresa era o número reduzido de empregos pelo qual a pessoa já havia passado, isto é, a sua fidelidade para com a empresa. Por outro lado, quanto mais assinada estava a carteira de trabalho, mais o empregador se preocupava, questionava-se: "qual será o problema desta pessoa, por que ela não pára em emprego nenhum?". Este, muitas vezes, podia ser um motivo da sua não contratação.

Atualmente a situação é bem diferente: está acontecendo exatamente o contrário. Valoriza-se a diversidade de experiências, o maior contato com diferentes atividades profissionais, a criatividade, o espírito de iniciativa na resolução dos problemas da empresa e na criação de novas soluções mais adequadas para a situação. Logo, aqueles profissionais que *pararam* na sua capacitação profissional estão encontrando dificuldade de se colocar novamente no mercado após uma demissão. Enquanto outros, experientes em atividades as mais diversas possíveis, são mais procurados no mercado.

O fenômeno da *globalização* tem trazido mudanças em todos os níveis da vida humana: econômicas, políticas, sociais e sobretudo psicológicas. Ainda não sabemos as conseqüências desse fenômeno, e sua rapidez nos impede de acompanhar o seu movimento. O mundo tem passado por diversas crises e se adaptado a elas, mas esta parece estar acontecendo num ritmo tão acelerado que nos assusta.

Na grande crise econômica de 1930, o desemprego e a industrialização crescente forçaram um exame das aptidões a fim de indicar o *homem certo para o lugar certo*. Surge assim um momento importante da orientação profissional, em que uma bateria de testes foi criada a fim de ser aplicada nos processos seletivos das empresas. As escolhas eram limitadas aos cargos oferecidos, e a orientação profissional visava a uma adaptação das pessoas aos perfis profissionais necessários.

Nos dias de hoje, o Fórum Econômico de Davos,[2] na Suíça, informou que existem no mundo 800 milhões de pessoas desempregadas, o equivalente a mais de 13 vezes a população ativa do Brasil (que é de 60 milhões). O futuro está sendo previsto com incertezas em relação ao mundo do trabalho. Existe uma grande discussão entre economistas do mundo inteiro, que defendem posições antagônicas:

- Há os que dizem: *"[...] não há uma relação direta, muito menos casual entre tecnologia e desemprego"* (Olivier Blauchard), ou seja, *"atribuir o desemprego às novidades tecnológicas, que provocariam aumentos impressionantes de produtividade, é uma explicação mítica, confortável e fatalista"* (Thomas Coutrart).
- E os que pensam o contrário: *"[...] na lógica atual da organização societária, o desemprego tecnológico é uma conseqüência inevitável"* (Ricardo Antunes).

---

2. *Folha de S. Paulo*, 3/3/96, Caderno Mais!, pp. 8-11.

Segundo Robert Reich,[3] economista americano, a previsão é de que entre os 20 e 30 e poucos anos de idade as pessoas passem boa parte do tempo mudando de um emprego a outro, e também de um ramo de atividade a outro. As pessoas estão mudando muito mais freqüentemente de ocupação do que era comum antigamente. Em grande medida, as pessoas trocam por necessidade, por não encontrarem o emprego com o qual sonharam. E ainda as fronteiras entre as ocupações são cada vez mais porosas hoje em dia. Quais seriam as conseqüências desse fenômeno para a orientação profissional?

Os seres humanos têm como característica própria a *resistência à mudança*. Psiquicamente demoramos mais a aceitar os acontecimentos do que muitas vezes demonstramos. Por exemplo, em pesquisas realizadas sobre a questão da representação de família brasileira, observamos que as pessoas *dizem* perceber a família de uma maneira *moderna*, mas *agem* tendo como imagem interiorizada uma família com valores mais *tradicionais*. Figueira afirma:

> A dimensão sociocultural (que inclui o mundo dos objetos produzidos) parece ser menos resistente à mudança do que a dimensão da subjetividade. Esta última é talvez a área de maior inércia no processo de mudança social. (1987: 85)

Constatamos ainda que na questão da modernização do trabalho também existe uma resistência. Precisamos nos modernizar, mas não sabemos muito bem por onde começar. As pessoas têm tendência à inércia, isto é, a continuar como está, que já está bom.

Temos o exemplo do *teletrabalho*, uma nova expressão que designa não apenas o trabalho feito em casa, mas toda e qualquer tarefa desenvolvida longe da empresa, prática possível graças ao computador plugado no telefone. Quais seriam as conseqüências desse tipo de trabalho para a Orientação Profissional? Entre elas, não precisaríamos mais questionar os interesses pessoais em relação ao ambiente de trabalho, por exemplo: saber se a pessoa prefere trabalhar ao ar livre, em ambiente fechado, em contato com pessoas, ou com objetos e máquinas, andar bem arrumada ou vestir-se à vontade. A pessoa

---

3. *Folha de S. Paulo*, 3/3/96, Caderno Mais!, p. 9.

deverá gostar de trabalhar em casa, sozinha, de pijama e roupão, sem precisar sair de casa — fato que limita significativamente a sua possibilidade de *escolher*.

Estamos preparados, como profissionais, para enfrentarmos todas essas mudanças?

As profissões do futuro

No momento de escolher uma profissão, muitos jovens levam em consideração como está o mercado de trabalho para o profissional da área, ou seja, se há oferta de emprego ou não. Com todo esse *alarde* por causa da virada do século, a preocupação tem sido em razão das profissões que surgirão daqui para a frente, as *profissões do futuro*. Acredita-se na existência de profissões com um futuro mais promissor que outras, com isso os jovens estão cada vez mais curiosos para descobrir quais seriam elas. Na verdade, o que acontecerá neste novo século é uma simples continuação do que tem ocorrido ao longo dos séculos: profissões desaparecem, pois perdem sua função por causa do avanço tecnológico, e outras surgem, em razão das novas necessidades relativas à evolução humana.

Eu sempre pensei em fazer geografia, gostava de ver nos mapas as capitais e bandeiras de todos os países, mas meu pai diz que ser professor não tem futuro. Para ele, a informática é a profissão do futuro e eu conseguirei um emprego melhor. Mas eu não gosto das exatas. (Vera Lúcia)

Segundo Schwartz:

O futuro das profissões depende do setor econômico, da capacidade de combinar habilidades específicas com outras competências e mesmo do perfil psicológico dos indivíduos. São exemplos de profissões do futuro: no fator determinante tecnológico temos: designer, gerente de comunidades, engenheiro genético. Com fator determinante político temos: o gerente de ONG, marketeiro político, assistente social. E com fator determinante cultural temos: o terapeuta, produtor cultural e o missionário. (2000: 65-6)

De modo geral, o que está em ascensão são as profissões do setor terciário, ou seja, as de prestação de serviços, como o comércio, transporte, a higiene e limpeza etc. As profissões mais tradicionais também podem se inserir nesse setor, desde que prestem consultoria, e aí entra a engenharia, a administração, a economia, o direito, a arquitetura. Como já era de se esperar, os profissionais da área de informática e de desenvolvimento de novas tecnologias estão sendo cada vez mais requisitados.

A nova tendência é a utilização da tecnologia para facilitar a vida de todas as pessoas, reduzindo a carga horária de trabalho a fim de sobrar mais tempo para as atividades de lazer. Nessa perspectiva, setores como o turismo, lazer, meio ambiente e urbanismo serão beneficiados, pois ocorrerá um aumento na procura desses serviços.

O profissional do futuro, independentemente de sua área, deverá ter espírito de iniciativa; ser criativo; hábil em buscar novas formas e soluções para a efetivação das novas tarefas; ser comunicativo, tanto verbal como interpessoalmente, e deverá, também, saber trabalhar em grupos.

As diferentes profissões futuramente trabalharão muito próximas, e será esperado dos indivíduos que tenham um espírito de cooperação e solidariedade. O individualismo não terá mais espaço nesse novo mundo do trabalho. Com as profissões trabalhando cada vez mais juntas, ocorrendo parcerias entre os profissionais, a escolha da profissão pode se tornar mais fácil, para quem está em dúvida entre dois cursos supostamente diferentes. Eles podem encontrar algum ponto em comum, e o profissional poderá conciliar as duas áreas numa única atividade profissional.

Trabalho, desemprego e construção da identidade

É fundamental a importância do trabalho na construção da identidade da pessoa, pois a sua realização permitirá à pessoa refletir sobre sua relação com o mundo, como ela se insere nele. Segundo Coutinho:

> O trabalho tem um papel mediador entre o mundo subjetivo (do sujeito) e o mundo objetivo (real, concreto). Pelo trabalho o homem se apropria do

mundo objetivo, transformando a si mesmo, ou seja, construindo-se ao mesmo tempo que transforma o real. (1993: 120)

A concepção de que o trabalho é um elemento imprescindível para a construção da identidade do sujeito deve ser repensada à luz das várias transformações do mundo do trabalho. Pode-se indagar a respeito de várias questões. Uma delas se refere à situação de desemprego, que atualmente tomou proporções imprevisíveis, atingindo tanto os trabalhadores *não-qualificados* quanto os *qualificados*. Assim, em tempos de *fim de empregos*, de terceirizações e de soluções alternativas como *os bicos*, que identidade está sendo construída?

O trabalhador, ao ser demitido, perde a identidade de pertencer àquele grupo de profissionais, se desvincula da rotina diária daquele trabalho específico, ou seja, deixa de ter *um lugar* e de *ser trabalhador*. O que mais nos inquieta é que mesmo a situação de *não-trabalho* também promove a construção de uma identidade. E qual seria ela? Que subjetividade (mundo interno) estaria surgindo nos tempos de hoje?

Não se trata mais de uma pequena parcela de desafortunados que estão desempregados, mas de milhões de pessoas em todo o mundo. Como simplesmente negligenciar essa população que está excluída do sistema produtivo? Pode a psicologia *fechar os olhos* a esse fenômeno e não buscar compreender como a identidade está sendo reconstruída nessa situação ou em outras de total precarização do trabalho?

Está aí mais um amplo espaço no qual o orientador profissional pode atuar, auxiliando tais profissionais nesse momento de perda da identidade de *trabalhador*. Pode também questionar se essas mudanças no mundo do trabalho não são sinalizadores de uma modificação da própria maneira de conceber o trabalho e a identidade.

5

A facilitação da escolha

A orientação profissional

Orientação profissional *versus* orientação vocacional

Este capítulo apresenta a questão da orientação profissional. Em primeiro lugar, discutir-se-á o nome deste trabalho: orientação profissional ou vocacional?

Nos últimos anos a área da orientação profissional tem se ampliado no Brasil. A OP tem se estabelecido como prática profissional, e os psicólogos, em maior número que outros profissionais, têm se preocupado com a formação específica e a profissionalização nessa área. Tem-se realizado, sob os auspícios da Associação Brasileira de Orientadores Profissionais (Abop), a cada dois anos, o Simpósio Brasileiro de Orientação Vocacional-Ocupacional, espaço aberto aos profissionais da área, que têm participado com seriedade e profissionalismo desses momentos. E, nesses espaços de discussão sobre a função do orientador profissional, tem surgido o debate em relação à questão do vocacional *versus* ocupacional *versus* profissional.

Tal questão tem causado polêmica somente aqui no Brasil. Nos Estados Unidos e em todos os países de língua inglesa a expressão *Vocacional Guidance* é usada para expressar o trabalho do orientador, e *occupation* aparece muitas vezes como sinônimo de "profissão". Na França e nos outros países de língua francesa a expressão utilizada é *Orientation Professionnelle*. Na Argentina, por outro lado, eles preferem a expressão *Orientação Vocacional-Ocupacional*.

Essa confusão de nomenclatura se estabelece principalmente em razão das traduções dos livros e trabalhos na área: quando os textos são de autores americanos e ingleses, em geral a tradução adota o vocábulo vocacional. Quando os trabalhos são de autores franceses, normalmente se utiliza a palavra profissional. E quando os trabalhos são argentinos, aparece então a palavra ocupacional.

A Associação Internacional de Orientação Escolar e Profissional (AIOSP), publicou, em 1987, um glossário[1] com todas as expressões mais usuais em orientação profissional para que houvesse uma linguagem única entre os países participantes, pois a questão da tradução das expressões em muitos momentos apresentou-se como um problema nos Congressos Internacionais realizados.

Independentemente da questão semântica é importante definir o que diferencia cada uma dessas expressões: orientação vocacional *versus* ocupacional *versus* profissional.

Quando se fala em *orientação vocacional*, logo imaginamos como ela é *representada* pelas pessoas, no senso comum. Em geral ela é vista como uma orientação para uma profissão definida, feita por um *especialista* mediante testes que confirmarão esses resultados. Ao se pensar em orientação vocacional supõe-se a existência de uma vocação a ser descoberta a qualquer momento por alguém capacitado. Vocação significa chamado, isto é, algo ou alguém que chama para determinado caminho, nesse caso, a profissão.

Em razão do nosso público-alvo, se utilizarmos a expressão *orientação vocacional* ela estaria mais carregada de estereótipos, incluindo com freqüência a expectativa da aplicação de testes e a indicação final de uma profissão-vocação. Utilizando-se a expressão vocacional, é necessário esclarecer ao cliente que a suposta *vocação* só poderá ser descoberta com um trabalho clínico, incluindo um conhecimento de si mesmo mais aprofundado.

---

1. Esse glossário foi publicado em 1987 incluindo os seguintes idiomas: inglês, francês, alemão e espanhol, e em 1989 publicou-se uma nova versão, desta vez incluindo o italiano. No Congresso que comemorou os 50 anos de Fundação dessa associação, em Paris, 2001, foi divulgada a versão em CD rom desse glossário.

A *orientação vocacional* segundo Bohoslavsky (1983) é aquela que deve responder ao *porquê* da escolha e está ligada aos modelos de identificação mais primitivos. Deverá ser um trabalho que aprofunde a questão da identidade vocacional, respondendo aos para quê e porquês da escolha de determinada profissão. Segundo ele

> [...] a *identidade vocacional* expressa as variáveis de tipo afetivo-motivacional, enquanto a *identidade profissional* mostra o produto da ação do contexto sociocultural sobre aquela. (1983: 61). Um modelo de identidade profissional deve especificar de que maneira a identidade vocacional (expressão e síntese das sobredeterminações subjetivas) inclui na determinação da escolha as variáveis do contexto, como uma ordem objetiva de determinações da identidade profissional — respondendo ao quando, onde, com que, com quem e como desempenhar um papel produtivo na estrutura social. (1983: 63)

Bohoslavsky diferencia os conceitos de identidade vocacional e identidade profissional, mas em nenhum momento ele as separa, pois a pessoa é única, e o orientador deve ser um profissional capacitado para trabalhar essas duas dimensões da identidade, auxiliando o sujeito a integrá-las para poder fazer sua escolha de maneira mais saudável.

O autor apresenta também alguns conceitos a serem trabalhados num atendimento em orientação vocacional: a) identidade ocupacional — responde à seguintes questões: Com quê? Quando? Onde? Como? A maneira de quem?; b) identidade vocacional — responde às questões: Por quê? Para quê?; c) os ideais: ideal de ego e ego ideal; d) as identificações com o grupo familiar; e) as identificações sexuais; f) a crise de identidade da adolescência; g) lutos pelas perdas básicas da adolescência: luto pelos pais, pelo corpo infantil, pelas formas infantis de relação e pela perda da onipotência infantil; e h) mecanismos de reparação e sublimação presentes na escolha profissional.

A *orientação ocupacional* é pouco conhecida entre nós, sendo mencionada principalmente quando utilizamos como referência os trabalhos dos argentinos Bohoslavsky (1975, 1981), Veinstein (1977) e Muller (1986), sendo essa palavra em geral desconhecida do nosso público.

Particularmente manifesto minha preferência pela expressão *orientação profissional*, porque na abordagem que utilizo incluo as duas dimensões: do vocacional (*vocare*) e do ocupacional (profissão), e também por ser a expressão orientação profissional mais utilizada no Brasil.

A orientação profissional deverá aprofundar essas duas questões, da identidade vocacional e profissional, no sentido proposto por Bohoslavsky (1983), isto é: respondendo aos "para quê" e "porquês" da escolha de determinada profissão; apesar de ser uma expressão mais adequada, supõe a existência de uma *orientabilidade possível*, isto é, existem pessoas especialistas e capacitadas, com instrumentos de trabalho confiáveis para orientar os jovens.

Optei pela expressão *facilitação da escolha,* visto que entendo esta como a possibilidade de trabalho possível a partir das considerações feitas até aqui. Auxiliar a pensar, conscientizar dos fatores que interferem na escolha, isso é possível de ser feito.

Comentarei alguns aspectos referentes à metodologia utilizada, caracterizando a população atendida nesse tipo de experiência, bem como suas expectativas e avaliações quanto à realização desse trabalho.

Proponho uma estratégia de ação, com o objetivo de apresentar uma proposta prática referendada em todo o posicionamento teórico discutido anteriormente. Fica claro, então, como é possível realizar, em grupos, experiências objetivando uma maior participação e um comprometimento pessoal no processo de escolha.

As técnicas sugeridas têm sido aplicadas com maior freqüência em grupos por mim coordenados e supervisionados. Estas têm possibilitado alcançar os objetivos propostos. São apenas um estímulo; com criatividade e com uma leitura sobre a demanda do grupo, ou seja, com o interesse em saber o que aquele grupo em especial está solicitando, é possível criar novas técnicas, portanto outras idéias surgirão.

A orientação profissional — como ela tem sido realizada

A orientação profissional não está atendendo às necessidades dos jovens no âmbito escolar, ou porque geralmente não ocorre ou, quando é realizada, deixa muito a desejar. O que de fato está acontecendo? Por que afirmar isso tão categoricamente?

É só analisar a questão de um ponto de vista mais global. De quem é a responsabilidade de realizar a orientação profissional? Do psicólogo? Do orientador educacional? Do sociólogo? Do professor? Essa é uma questão primordial ainda sem resposta. A orientação envolve aspectos pertinentes a cada uma dessas áreas, portanto deveria ser um trabalho de equipe interdisciplinar, com profissionais de todas as áreas trabalhando de forma complementar.

Precisamos também refletir sobre quantos profissionais das referidas áreas existem em cada escola e para trabalhar com qual número de alunos. Chegamos à seguinte conclusão: existem muito poucos profissionais para trabalhar com um número infindável de alunos. Vejamos o exemplo de uma escola de Florianópolis, que atende 10 mil alunos e conta com apenas seis orientadores educacionais, nenhum psicólogo e nenhum sociólogo. Como fazer então a orientação profissional com tal falta de recursos humanos?

Há escolas com um número menor de alunos e, às vezes, com até um psicólogo e um orientador educacional. São em geral as escolas particulares. Nestas, é feito um trabalho de orientação profissional, muitas vezes baseando-se em aplicação de testes de interesse e aptidão, palestras e visitas a universidades e locais de trabalho.

Em relação aos testes, estes assumiram até as décadas passadas um lugar imprescindível na orientação profissional por responderem de forma objetiva e *científica* às incertezas e dúvidas das pessoas. Atualmente, ainda existe a busca por *testes vocacionais* utilizados por um grande número de profissionais, que desconhecem outras abordagens mais dinâmicas e críticas. Os testes não respondem às dúvidas dos jovens, que acabam voltando a procurar outros serviços de orientação profissional, uma vez que ainda desejam e esperam respostas objetivas sobre seu futuro profissional.

Estou pensando: vão acontecer testes aqui que possam descobrir a profissão ideal para a gente. (Lisandra)

O orientador profissional, utilizando-se apenas dos testes, acredita estar realmente ajudando o jovem, mas ocorre em geral uma pseudo-orientação. O jovem é também levado para assistir a palestras sobre algumas profissões, ver filmes sobre o desempenho das profissões, responder a alguns testes de interesses e aptidões etc. Mas não é só isso que leva a uma escolha consciente. E o jovem, apesar de insatisfeito, não reclama.

No meu colégio fazem orientação para a área biológica e a área humana. Aí eu achei que queria fazer medicina, todo mundo faz medicina. Aí foi saindo a idéia da cabeça e eu não sabia mais o que fazer!! (Miguel)

Nessa intervenção pode-se ver como o jovem está alienado do processo de escolha profissional. Ele não chega nem a entender o objetivo da orientação profissional, considerando que deve escolher aquilo para o qual todos estão se decidindo. As áreas tecnológicas, as ciências humanas e sociais e outras foram abordadas nas palestras, mas o jovem nem chegou a perceber.

A orientação na escola com freqüência se dá no último ano, quando a busca e a ansiedade dos jovens são maiores. Muitas vezes ela é fragmentada e superficial, pois não existe um tempo previsto para esse tipo de trabalho no currículo escolar, apesar de a nova LDB autorizar a realização de disciplinas específicas. O orientador é obrigado a aproveitar-se das faltas de outros professores para ocupar aquele tempo com esse tema. Infelizmente, não existe um planejamento nem um engajamento com as outras disciplinas, o que enriqueceria em muito o crescimento pessoal do jovem.

A educação da escola não leva a gente a continuar pensando na escolha feita na infância. No último ano, quando eles fazem uma orientação vocacional, a gente vai lá, assiste a um monte de palestras e é muito pouco, continua sem saber o que fazer... (Adriana)

Este depoimento nos confirma a idéia de Ferreti:

> É preciso não esquecer que a orientação vocacional se realiza no âmbito de uma instituição social mais ampla, a escola, que é um dos instrumentos pelos quais a sociedade se propõe a obter a reprodução de suas próprias expectativas, crenças, convicções e valores. (1981: 91)

Em geral a orientação vocacional realizada dá uma capa de cientificidade aos princípios liberais da escolha, isto é, reforça a eficácia da ideologia da ascensão social via profissionalização. O que muitas vezes é negado é a desigualdade na distribuição das oportunidades de trabalho, e portanto de escolha, segundo a classe social. Segundo Franco e Castro:

> Os estudantes que chegam ao final do ensino médio já caminharam bastante na íngreme pirâmide educacional. Eles estão perto de pertencer ao segmento menor e mais selecionado da sociedade — o nível universitário —, criticam os programas vocacionais, até o ensino profissionalizante, pois se situa muito alto na escala educacional. Possivelmente aqueles que há muito tempo aspiram às ocupações para as quais a escola prepara já deixaram há muito tempo as escolas. Para não lhes dar uma opção vocacional prematura, não lhes é dada qualquer opção. Muitos vão para o trabalho ou para a marginalidade, sem ter aprendido nenhuma ocupação. (1981: 57)

Sabe-se de numerosos profissionais que, assoberbados de trabalhos e solicitações na escola, iniciam um trabalho de aplicação de testes de aptidões e interesses e, na maioria das vezes, não têm tempo de voltar para devolver o resultado aos jovens.

Tal fato, freqüentemente relatado pelos jovens, nos faz pensar na dificuldade desses profissionais para enfrentar problema tão complexo. Parece que se sentem amedrontados em discutir com os alunos sobre o assunto em virtude de não se encontrarem instrumentados com técnicas e conhecimentos capazes de responder às questões levantadas por aqueles.

A resposta dos testes não satisfaz o profissional que os aplica; por isso muitas vezes ele não tem coragem de devolvê-la aos jovens, pois não terá respostas ao ser perguntado: de que adianta saber que meu QI está dentro da média? Para que serve saber sobre meu raciocínio verbal tampouco se tenho um péssimo raciocínio abstrato? O que fazer com esses resultados?

Já o orientador que se propõe a aprofundar junto com o jovem todos os aspectos determinantes de sua escolha encontra-se num papel de muita responsabilidade. Por um lado, esse papel lhe traz satisfação de estar auxiliando a pensar e, por outro, medo e insegurança de não poder responder às expectativas dos jovens. Os jovens, ao procurarem esse tipo de atendimento, projetam sobre o psicólogo toda a sua vontade de acertar na escolha e contam com ele para dar a palavra final. Este, por sua vez, sente-se apreensivo ao ter de admitir, no final de todo um trabalho, não ter auxiliado determinado jovem a decidir-se por determinada profissão. Esse é um fato limitador e mostra a necessidade de se saber lidar com as limitações inerentes a nossa profissão.

É preciso estar sempre muito atento para não se identificar com o jovem e projetar seus próprios sentimentos nele. Muitas vezes, o luto pelas escolhas não realizadas leva o orientador a incentivar o jovem a seguir determinada profissão, que ele próprio gostaria de ter escolhido, como se uma parte sua estivesse também realizando-a.

O orientador profissional deve estar consciente de que esse tipo de trabalho estará sempre levando-o a um questionamento de sua própria escolha e identidade profissional. É preciso estar sempre trabalhando consigo mesmo, sua própria escolha, o que só irá contribuir para o amadurecimento profissional do orientador.

Muitas vezes o orientador percebe uma insegurança na sua própria escolha, não se sentindo talvez tão bem definido e consciente em relação a ela. A solução pode ser abandonar esse tipo de trabalho, pelo menos por um tempo. Normalmente, essa insegurança quanto a sua própria escolha profissional pode ser uma explicação para a falta desse trabalho na maioria das escolas. Existem outros fatores objetivos, como a falta de recursos humanos, de investimentos financeiros e a falta de interesse do próprio governo e de secretarias de educação em contratar profissionais capacitados para desempenhar esse papel.

A orientação profissional também é realizada fora do âmbito escolar, em atendimento psicológico clínico. Pode ser comparada a uma terapia breve ou de apoio, pois limita-se a trabalhar um foco definido — a dificuldade de escolha profissional.

Outras maneiras de oferecer informações para a escolha do jovem é mediante os meios de comunicação de massa. A televisão mantém sistematicamente diferentes programas sobre as profissões, exibindo documentários específicos sobre determinadas áreas.

As revistas e os jornais freqüentemente dedicam partes de suas edições ao assunto. Essas reportagens também apresentam o grave risco de simplificar a questão, propondo soluções mágicas, apresentando argumentos superficiais, oferecendo dicas descontextualizadas que, em vez de minimizarem o problema, apenas o ampliam.

Hoje contamos com inúmeras *web-pages* as quais trazem informações e guia de profissões. Elas podem ser úteis se bem utilizadas, isto é, criticamente. São oferecidos numerosos testes vocacionais via internet, que além de ridículos e superficiais, não oferecem credibilidade nos resultados. Em geral propõe-se uma orientação profissional em que o próprio sujeito realiza sozinho uma série de testes e descobre suas aptidões. Os testes apresentados não avaliam as habilidades tal como se propõem. E o resultado é uma lista de 15 a 20 profissões. De que adianta, pergunta-se o jovem angustiado.

A facilitação da escolha — características da população atendida

Este modelo de intervenção prática é utilizado há 20 anos com jovens em busca de auxílio no momento de sua escolha profissional. Apresento a sistematização de algumas idéias sobre o processo de escolha numa população específica, jovens vestibulandos. Proponho uma estratégia de ação grupal para ser aplicada por outros profissionais em seus trabalhos práticos.

O trabalho de orientação profissional é colocado à disposição da comunidade no Serviço de Psicologia da Universidade Federal de Santa Catarina (SAPSI), por intermédio do Laboratório de Informação e Orientação Profissional do Departamento de Psicologia (Liop), em que a autora vem atuando como professora adjunta.

Como funciona o serviço de orientação profissional do Liop:

As pessoas interessadas preenchem uma ficha de cadastramento e quando há um número suficiente para formar um grupo todas são comunicadas e confirmam a sua participação. A seleção é feita a partir do critério de orientabilidade proposto por Bohoslavsky (1981). As pessoas avaliadas como impossibilitadas para escolher uma profissão neste momento, por causa de outros problemas, são encaminhadas para outros tipos de atendimento.

Freqüentemente acontece de, nos dias próximos às inscrições para o vestibular, o número de pessoas que procuram o Liop ser muito grande, sendo portanto necessária a realização de um serviço de atendimento de urgência, por meio de plantões de estagiários de orientação profissional. Esse procedimento não resolve o problema da escolha, mas diminui a ansiedade permitindo ao jovem analisar com mais clareza sua possibilidade de escolha para aquele momento específico.

Características da população

Atualmente estamos em busca de uma reformulação e/ou adaptação dos referenciais teóricos existentes, pois este já não responde mais às nossas questões específicas. Variam em razão da população atendida, daí a importância de caracterizá-la para melhor entender essa prática aqui proposta.

A clientela que tem procurado o Serviço de Orientação Profissional do Liop caracteriza-se de uma maneira geral pelos seguintes aspectos.

Em relação ao vestibular:

Vestibulandos — jovens inscritos no vestibular pela primeira vez, sem experiência anterior. Em geral, conhecem pouco sobre a universidade, suas possibilidades, seus cursos e suas exigências. Têm geralmente entre 16 e 18 anos, sua expectativa é grande e bastante idealizada. São com freqüência os que mais procuram a orientação.

Experientes (repetentes) — jovens que já realizaram o vestibular e foram reprovados uma ou várias vezes. Buscam uma segurança maior para passar no vestibular, mais do que uma orientação quanto à profissão. Outras vezes, sentem-se inseguros quanto à escolha anterior e buscam uma orientação ao perceberem sua incerteza e insatisfação com a escolha anterior. Demonstram na maioria das vezes uma resignação por não terem sido aprovados, sentindo-se culpados pelo fato, por *não terem estudado mais... ou se esforçado o suficiente...* Outras vezes não entendem por que não passaram, uma vez que estudaram o ano todo, deixando de lado muitas outras coisas importantes para si, como sair, passear e se divertir. Esse comportamento de isolamento do social, do lazer, do prazer é muito freqüente em jovens que pretendem passar no vestibular.

Universitários — jovens que já fizeram uma escolha, estão cursando uma faculdade e portanto já passaram no vestibular. Pretendem refazer ou confirmar a escolha feita. Geralmente estão carregados de uma insatisfação quanto ao curso em andamento. Muitas vezes a solução não é trocar de escolha, mas sim melhorar as condições de formação, encontrando uma atividade em especial para especializar-se, na profissão escolhida. Essa insatisfação está relacionada à falta de integração das atividades acadêmicas com o futuro desempenho profissional e também à impossibilidade de exercitar tal desempenho durante os primeiros anos da faculdade.

Outros — casos específicos, com problemáticas diferenciadas. Pessoas formadas indefinidas quanto ao caminho a seguir: se fazem cursos de mestrado, se procuram trabalho e em que área específica gostariam de trabalhar. Muitas vezes, as dificuldades em relação ao trabalho estão profundamente influenciadas por problemas emocionais em relação aos vínculos afetivos estabelecidos com figuras importantes em sua vida, como pais e companheiros.

Quanto à posição na família:

Filhos mais velhos — Observamos, empiricamente, que metade das pessoas que procuram OP são filhos mais velhos. Surge então a questão: qual a problemática específica do filho mais velho a qual dificulta sua escolha por uma profissão e o leva em maior número a buscar auxílio para realizar tal escolha? Essa questão é abordada no tópico que se refere à família.

Filhos do meio — são raros os que procuram, e quando o fazem conseguem definir-se por uma profissão com maior facilidade.

Filhos mais moços — procuram a orientação em grande número também. Sentem-se muito inseguros, pois em geral sofrem muitas *pressões* dos irmãos mais velhos e dois pais. Podem se tornar a última esperança da família em realizar o projeto por ela sonhado, por exemplo, ter um filho médico na família.

Quanto à posição social da família:

Pais universitários — é grande o número de jovens filhos de profissionais liberais. Com freqüência não questionam o porquê de fazer a faculdade, pois já é um fato dado, sem muita reflexão, e não vêem outra possibilidade de formação. Alguns pais dizem:

Meu filho, é imprescindível fazer uma universidade, não importa qual, mas você tem que ter um diploma universitário para conseguir entrar no mundo do trabalho. (Sr. Francisco, pai do Gabriel)

Pais funcionários públicos, comerciantes, industriais e autônomos — são em grande número também. Esses jovens vêem a universidade como uma forma de ascensão social, uma busca de *status*. Os pais parecem ter grande interesse em que seus filhos sejam *universitários*. Muitas vezes os filhos estão em dúvida entre seguir uma profissão relacionada ao negócio da família ou outra completamente diferente, da qual ele não tem certeza de gostar tanto assim.

Quanto à idade:

Adolescentes — são na maioria jovens entre 16 e 20 anos. Muitos até 21 anos ainda procuram a orientação. A carência maior é falta de informações sobre as profissões e sobre a universidade.

Adultos — são pessoas a partir dos 22 a 23 anos até 40 a 50 anos. Esse número vem aumentando consideravelmente nos últimos anos. Geralmente suas dificuldades estão mais relacionadas aos problemas referentes às profundas transformações tecnológicas e do mundo do trabalho, as quais impedem muitas vezes a realização de seu projeto profissional. Muitos ainda se sentem ameaçados com a possibilidade do desemprego, com os planos de aposentadoria programada pelas grandes empresas e órgãos empregadores, e buscam na reorientação profissional um auxílio para encontrar novamente o seu caminho profissional. Além disso, algumas vezes, a dificuldade em relação à escolha está diretamente relacionada a problemas afetivos, necessitando assim de um trabalho e um encaminhamento muitas vezes diferenciado.

Expectativas dos jovens

Ao buscar a orientação profissional, a pessoa está querendo encontrar mais do que uma profissão, está buscando algo que lhe faça feliz. A felicidade, almejada por todos nós, confunde-se nesse caso com o *acerto* da escolha. Felicidade não é só isso: muitas pessoas realizadas no seu trabalho falam de suas tristezas e infelicidades em outras áreas de suas vidas.

Eu quero me decidir, ter uma realização profissional, um futuro tranqüilo e feliz. (Manoel)

A razão de estar aqui é no sentido de ver se consigo me definir profissionalmente ou pelo menos tentar ver brilhar novos horizontes, para que eu amanhã possa ter maior segurança em termos de profissão, e me sentir uma pessoa feliz. (Carla)

As pessoas parecem buscar uma segurança, uma certeza naquilo que escolheram. Será possível ter essa segurança? Por que buscá-la com tanta determinação? O que ela pode significar em termos ideológicos: segurança = alienação? E em termos psicológicos: segurança = adaptação = realização?

O trabalho de orientação profissional visa permitir aprender a escolher, não só a profissão, mas em outros aspectos da vida, também. Ao questionar tantos aspectos de sua vida pessoal e coletiva, você pode aproveitar essa experiência em outras situações de sua vida pessoal, afetiva e familiar. Os próprios jovens expressam essa expectativa:

É uma oportunidade de parar e olhar para a gente, de pensar na gente e sentir diferente... (Madalena)

O fato de a orientação profissional realizar-se em grupo cria também uma dimensão mais afetiva e de identificação recíproca, ao se observar outras pessoas compartilhado dos mesmos sentimentos e dificuldades.

Este trabalho não só vai nos ajudar a escolher uma profissão mas a fazer novas amizades, conhecer pessoas novas no grupo. (Joana)

Muitas vezes os participantes não têm uma expectativa definida sobre o que vai acontecer durante os encontros:

Não sei o que vai acontecer, talvez a gente faça algum teste cujo resultado diga o que é melhor para a gente. (Pedro)

Eu acho que a gente vai discutir sobre as profissões, conhecer mais sobre elas e a universidade. (Patrícia)

Procuram a orientação profissional porque se sentem inseguros quanto à escolha ou apenas querem uma confirmação ou aprovação de alguém mais experiente.

Eu acho que sei o que quero, mas tenho medo de me decidir sem uma confirmação de que é esta mesmo a minha vocacão... (Lisandra)

Segundo Fantino:

No orientador são depositados aspectos idealizados de seu papel, uma projeção massiva que atribui características onipotentes e mágicas. O orientador seria o que tem a possibilidade de prever o futuro, de garantir o êxito da escolha, quem possui a ciência e os instrumentos necessários para decidir. (1985: 34)

Ao finalizarem a orientação profissional, normalmente os jovens revelam em que dimensão o trabalho pode ser útil a eles, sentem-se um pouco mais esclarecidos sobre as profissões e com melhores condições de escolher.

Ajudou-me a enxergar e avaliar melhor as profissões. (Fernando)
Estes encontros me esclareceram a maioria das profissões desconhecidas para mim, e acho que isso me fez saber o que eu não queria em uma grande parte. Porém, ainda me sinto insegura quanto ao rumo que eu vou tomar. (Madalena)

Observa-se que a *certeza* buscada nem sempre é encontrada, levando o jovem a perceber as suas limitações e a complexidade que é para cada pessoa a escolha da profissão.

Agora estou me sentindo mais realista, de acordo com o meu potencial. (Gabriel)

Alguns jovens comentam, ao final dos encontros, o quanto estes foram importantes para eles se conhecerem melhor, não só em termos da conscientização do seu potencial como também de outras características de sua personalidade.

Nos encontros me conheci um pouquinho melhor. (Eliana)

Aproveitei muito este trabalho, pois pude me relacionar bem com outras pessoas no grupo, fato que até então não tinha acontecido, pois sou uma pessoa muito tímida. (Mariana)

Outros aproveitam o grupo para se sentirem aceitos e queridos no espaço grupal, aumentando assim sua auto-estima e suas possibilidades de acreditar na realização dos sonhos.

A facilitação da escolha — a estratégia de ação

Pretendo mostrar aqui a sistematização de uma estratégia de ação grupal mais compatível com as condições sociais, políticas, econômicas e educacionais de nosso país.

A estratégia diz respeito ao conjunto de operações através das quais o psicólogo ascende à compreensão da conduta do outro e facilita a este último o acesso à sua própria compreensão. (Bohoslavsky, 1981: 32)

Sabemos da necessidade de criar-se um modelo brasileiro de orientação profissional, com o referencial teórico levando em consideração os aspectos sociais e culturais tão peculiares e diferenciados dos de outros países. Os modelos estrangeiros não têm trazido respostas satisfatórias ao nosso trabalho, uma vez que se baseiam em momentos socioculturais e históricos diferentes, como também em diferentes aspectos geográficos e de desenvolvimento tecnológico.

Procuro abranger o maior número de fatores que influenciam a escolha profissional de cada jovem brasileiro. Estou consciente da limitação desse investimento, pois é difícil conseguir reunir todos os aspectos e ao mesmo tempo discuti-los e integrá-los na profundidade necessária para a sua compreensão.

O QUE FAZER, ENTÃO? Como orientar esse jovem tão pressionado pelos inúmeros fatores externos a ele? *"Não tenho ilusões, dentro do sistema a gente pode realizar certas coisas; outras só mudando o sistema"* (Ferrari, 1984: 28).

Analisando profundamente a situação à qual está submetido o jovem, chega-se à conclusão: o que pode ser feito assume, muitas vezes, a dimensão de uma *orientação vestibular,* isto é, somente é possível e viável orientar para os cursos existentes nesta ou naquela universidade.

É necessário considerar no processo de orientação todas as variáveis, tentando equacionar os interesses do jovem com as oportunidades oferecidas pela universidade e pelo mercado de trabalho. Nem sempre o jovem encontra, entre os numerosos cursos oferecidos, aquele que preencha as suas próprias necessidades e interesses. Existem inúmeras atividades profissionais ausentes da relação dos cursos universitários. Onde se formar para exercê-las? Pesquisas americanas nos dizem que 70% das profissões que existirão daqui a dez anos ainda não foram inventadas. Então, como auxiliar o jovem a fazer frente a esse mundo do trabalho em constante e acelerada mudança?

O sistema de educação atual, em vez de responder às necessidades de sua clientela, faz com que essa clientela se adapte à sua estrutura, deixando de cumprir a sua função de educar para a cidadania, pouco contribuindo para a melhoria de vida das pessoas e da sociedade.

O que pode ser feito? Em minha opinião, enquanto as condições externas descritas anteriormente não se modificarem, somente é possível.

CONSCIENTIZAR O JOVEM DE TODOS OS FATORES QUE INTERFEREM NA ESCOLHA DE SUA PROFISSÃO.

Como levar à consciência tantos e tão complexos fatores?

Seria ingênuo pensar que após vivenciar esse processo o jovem se torne consciente de tantos determinantes, sobretudo por se encontrar num período de transformações e busca de identidade. A ansiedade presente nesse momento pode dificultar a elaboração e compreensão desses fatores.

Penso em dar oportunidade à reflexão, à discussão e ao debate entre os próprios jovens e que eles possam se dar conta das influências negativas em seu caso particular. Para cada jovem, determinados fatores podem estar dificultando sua escolha em detrimento de outras.

O diagrama da página seguinte representa graficamente uma compreensão de como se dá o processo de escolha de um trabalho.

O jovem situa-se embaixo; precisa percorrer um longo caminho de tomada de consciência dos inúmeros fatores que se colocam como barreiras no seu momento de escolha para poder chegar em cima, definindo o seu trabalho.

Ele quer escolher o seu trabalho, mas para tanto precisa enfrentar uma série de situações. Precisa conhecer melhor a si mesmo, saber quem realmente ele deseja ser (projeto pessoal). Sua família está presente, ela tem desejos e expectativas e desde cedo tem deixado isso claro para seus membros (projeto familiar). A família está inserida na sociedade, mais especificamente fazendo parte de determinado grupo social (projeto social), com seus valores e suas crenças, e que portanto influi também na decisão do jovem. Essa sociedade está definida pelas relações estabelecidas no seu setor produtivo, isto é, as relações de produção; em nosso caso dizem respeito ao sistema de produção capitalista (projeto econômico). A maneira como são definidos os rumos do país, suas prioridades de investimento e desenvolvimento (projeto político) define o atual sistema de ensino e as dificuldades enfrentadas (projeto educacional).

Uma proposta de intervenção pode atuar somente em relação ao jovem. Está fora do nosso alcance tentar, mediante esse trabalho, alterar o sistema de ensino ou o modo de produção capitalista neoliberal ao qual estamos submetidos. Trabalhar junto ao jovem, auxiliando-o na tomada de consciência de si mesmo (autoconhecimento) e dos fatores extremos (a realidade do mundo do trabalho, no seu contexto sociopolítico), é o possível de ser feito.

À medida que um maior número de pessoas puder escolher o seu trabalho a partir da reflexão do seu contexto, com certeza teremos profissionais mais conscientes e em melhores condições de atuar em outros fatores citados como determinantes da escolha. É importante lembrar: nossos governantes poderão ser esses jovens que agora se definem profissionalmente quanto ao seu futuro...

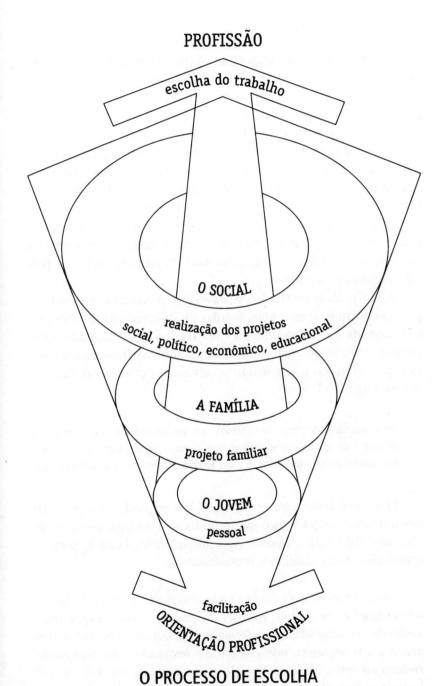

Como isso pode ser feito?

Em grupo! Passamos grande parte da nossa vida ao lado dos outros, procurando realizar com as pessoas todas as nossas atividades. O trabalho em grupo é uma constante em nossas vidas. Na escola, no trabalho e na família existem sempre várias pessoas reunidas em torno de um objetivo comum. Por que esse trabalho não deveria ser assim também?

Acredito na possibilidade de os grupos fazerem uma profunda mudança individual e social. É a melhor forma de realizar esse procedimento por diversas razões, entre elas a possibilidade de identificações recíprocas entre os membros do grupo a partir de uma problemática em comum (a necessidade de escolher); o enriquecimento pessoal a partir da troca de idéias; o relato de experiências pessoais compartilhadas; a possibilidade de *feedback* entre os próprios membros do grupo.

A diversidade de situações pessoais que podem envolver cada pessoa do grupo leva a uma abordagem diferenciada da informação recebida em comum, dando-lhe um enfoque vinculado à sua própria vivência pessoal. Tal fato em muito contribui para a dinamização do grupo e seu maior envolvimento com as tarefas propostas. Segundo Bleger:

> As dissociações devem ser superadas através do trabalho em grupo. Uma delas é a de sujeito-objeto; outra entre teoria e prática, entre informação e realização, entre o que se sabe e diz e o que realmente se faz. (1980: 62)

Quando escolhe uma profissão, o jovem precisa integrar a dimensão sujeito-objeto visto que a profissão escolhida deixa de ser algo fora dele para tornar-se algo internalizado, fazendo parte da construção de sua identidade profissional.

Tenho 33 anos, sou casada e tenho dois filhos. Cursei pedagogia e não cheguei a me formar. Busquei a orientação, pois sempre tive o sonho de ser arquiteta. Quando me perguntam como eu me vejo no futuro sendo arquiteta, não consigo me imaginar como profissional, embora eu tenha claro como seria como aluna de arquitetura, realizando os trabalhos e assistindo às aulas. (Renata, dona de casa)

A dimensão sujeito-objeto está parcialmente absorvida no momento em que ela se imagina estudante, mas ainda lhe falta integrar a sua imagem como sujeito-arquiteta. A dimensão informação—realização se faz presente quando o jovem constata saber muito mais sobre seus interesses e sua escolha do que ele imaginava.

O que vem sendo possível realizar é uma orientação profissional assistencial, ou seja, solicitada por jovens a instituições que oferecem esse tipo de serviço, como universidades e clínicas—escolas de cursos de psicologia. As escolas particulares e cursinhos têm se interessado em realizar trabalhos específicos nessa área, mas ainda é restrito o número de escolas que contam com orientadores profissionais contratados para realizar esse trabalho em toda a sua abrangência. Nas escolas públicas a dificuldade ainda é maior por não existir o cargo de psicólogo, na maioria delas não existe a orientação profissional.

Por que então fazer a orientação profissional, quando um número tão pequeno de pessoas tem condições de participar? Quando a grande maioria dos jovens brasileiros não tem nem acesso ao ensino superior, muito menos à orientação? A resposta deve ser analisada sob dois pontos de vista:

- de um lado, a crise no ensino brasileiro leva-nos a um descrédito quanto à possibilidade de se fazer escolhas compatíveis com os interesses de cada um, individualmente e como grupo. É a supra-estrutura determinando, reproduzindo as relações de produção do capitalismo em todas as outras relações institucionais;
- por outro, acredito na existência de uma possibilidade de mudança social, a partir do desejo de um grande número de pessoas. Nesse espaço, a orientação profissional tem um importante trabalho a realizar. Por atingir uma camada de privilegiados da sociedade, orientará os futuros governantes deste país (os profissionais liberais). Supondo, nessas condições, uma possibilidade de escolha, uma vez que os *fatores determinantes* e os *sujeitos determinados* mantêm uma relação de influência mútua, de contradição, levando a uma tensão e conseqüente mudança social. Se conscientizarmos nossos futuros profissionais liberais sobre a importância de assumirem um compromisso social mediante sua realização profissional, com certeza teremos uma sociedade mais equilibrada.

A orientação profissional se faz necessária, pois, tendo como objetivo conscientizar os jovens dos inúmeros fatores que interferem na sua escolha profissional, leva-os a compreender as condições para se escolher algo, abrindo os caminhos para a realização do seu projeto de vida.

A estratégia de ação grupal visa colocar o jovem em condições de conhecer a si mesmo, a realidade do trabalho e as profissões por meio de uma série de dinâmicas de grupo, vivências e atividades específicas de orientação profissional.

O conhecimento de si mesmo supõe a integração de suas vivências passadas, seu presente e suas expectativas quanto ao futuro. A reflexão sobre a realidade atual do trabalho deve ser tratada levando-se em conta os aspectos sociais, políticos e econômicos do Brasil no momento atual. A informação profissional oferece dados sobre as universidades e outras oportunidades de formação e as especificidades de cada profissão (o que é, o que faz, como faz etc).

A abordagem é preferencialmente grupal, mas não deixando de atender às características individuais de cada participante, pelos atendimentos individuais. Segundo Ferretti:

> É importante que estejam claros os objetivos que se deseja alcançar, ou seja, o de refletir sobre o trabalho e a sua realização no âmbito da sociedade brasileira. Espera-se, a partir disso, que o indivíduo ganhe condições de realizar escolhas profissionais efetivamente conscientes (no sentido de escolhas que ocorram a partir da reflexão sobre seus condicionamentos e não a partir de sua aceitação) quando e onde as oportunidades se apresentarem. (1982: 29)

Gostaria então de afirmar essa proposta como uma estratégia sociogrupal, e comparo-a a seguir com outras duas abordagens, citadas por Bohoslavsky (1981).

A modalidade sociogrupal[2] e as outras modalidades de atuação

Esta modalidade tem como pressupostos as seguintes questões:

---

2. Definição proposta pela autora.

1) O adolescente pode chegar a uma escolha mais esclarecida se conhecer as influências que sofre, sejam elas sociais, educacionais, econômicas, familiares ou psicológicas.

2) As carreiras requerem potencialidades diversas que podem ser desenvolvidas pelo sujeito, se este tiver um profundo interesse em realizar aquele tipo de atividade.

3) O prazer no trabalho está ligado a um contexto familiar mais amplo, em que o jovem, ocupando um lugar na sua família, responde a desejos e expectativas familiares. Os interesses também estão ligados a vivências infantis e familiares mais ou menos prazerosas. O importante é conhecer essas vivências para poder relacioná-las com o presente.

4) A realidade socioeconômica tem mudado numa velocidade tão grande, sendo "praticamente" impossível prevermos como estará o desenvolvimento tecnológico e profissional daqui a cinco anos. Por isso a realidade ocupacional também é imprevisível. O adolescente é responsável por sua escolha, sendo ela a melhor escolha possível para este momento.

5) O papel do psicólogo é de FACILITADOR do processo, devendo oferecer a quem o procura condições de conhecer melhor a si mesmo, assim como o mundo ocupacional, para enfim decidir-se com maior esclarecimento.

A modalidade estatística[3] descrita por Bohoslavsky

Esta abordagem tem como pressupostos as seguintes questões:

1) O adolescente, por causa da dimensão e do tipo de conflito que enfrenta, não está em condições de chegar a uma decisão por si mesmo.

2) Cada carreira ou profissão requer aptidões específicas. Estas são: a) definíveis *a priori*; b) mensuráveis; c) mais ou menos estáveis ao longo da vida.

---

3. Segundo definição de R. Bohoslavsky.

3) A satisfação no estudo e na profissão depende do interesse que se tenha por eles. O interesse é específico, mensurável e desconhecido pelo sujeito.

4) As profissões não mudam. A realidade sociocultural, tampouco. Por isso, pode-se predizer, conhecendo a situação atual, o desempenho futuro de quem hoje se ajusta, por suas aptidões, ao que hoje é determinado carreira ou profissão. Se o jovem tem as aptidões suficientes, não terá obstáculos a enfrentar. Fará uma carreira bem-sucedida.

5) O psicólogo deve desempenhar um papel ativo, aconselhando o jovem. Deixar de fazê-lo aumenta indevidamente a sua ansiedade, quando esta deve ser diminuída.

A modalidade clínica[4] segundo Bohoslavsky

Esta abordagem tem como pressupostos as seguintes questões:

1) O adolescente pode chegar a uma decisão se conseguir elaborar os conflitos e as ansiedades experimentadas em relação ao seu futuro.

2) As carreiras e profissões requerem potencialidades, não específicas. Portanto, estas não podem ser definidas *a priori*, nem muito menos ser medidas.

3) O prazer no estudo e na profissão depende do tipo de vínculo que se estabelece com eles. O vínculo depende da personalidade, esta não é um *a priori*, mas se define na ação. O interesse não é desconhecido pelo sujeito, embora muitas vezes os motivos determinantes desse interesse específico o sejam.

4) A realidade socioeconômica muda incessantemente. Surgem novas carreiras, especializações e campos de trabalho, continuamente. Conhecer a situação atual é importante. Mais importante ainda é antecipar a situação futura.

---

4. Segundo definição de R. Bohoslavsky.

5) O adolescente deve desempenhar um papel ativo. A tarefa do psicólogo é esclarecer e informar. A ansiedade não deve ser amenizada, mas resolvida; e isso acontece somente se o adolescente elabora os conflitos que lhe deram origem.

O papel do orientador profissional

Para exercer a tarefa de *facilitador de escolhas* o profissional deve estar preparado teórica e praticamente para essa atuação. Preocupada com essa formação, Lisboa afirma:

> A preparação de alunos dos cursos de psicologia e pedagogia para atuarem como orientadores profissionais vem se desenvolvendo também na forma de opção. Portanto uma vez diplomado, o aluno tem a permissão de atuar, como orientador profissional independente de ter-se dedicado ao estudo dessa área de conhecimento. (2000: 12)

É importante, na formação do orientador profissional, trabalhar-se o seu papel e sua identidade profissional como tal. Para isso, utilizo a técnica descrita a seguir. Ela tem demonstrado bons resultados na conscientização das diferentes posturas que o profissional pode assumir, bem como das dificuldades de se explicar aos pais como é relizado esse trabalho na prática, o qual não inclui a utilização de testes, a definição de uma única profissão no final do processo, nem a disponibilização de um laudo psicológico.

Essa técnica nasceu da necessidade de trabalhar-se de forma dinâmica e vivencial a questão das diferentes modalidades em Orientação Profissional. Parte-se da leitura de Bohoslavsky para dar embasamento teórico aos *personagens psicólogos* e também para dar subsídios à discussão teórica posterior.

Objetivo: Trabalhar o papel do orientador profissional, diante de um jovem e sua família que buscam uma orientação profissional; e esclarecer as diferentes posturas do profissional, conforme o referencial teórico utilizado.

População: Alunos das disciplinas de Orientação Profissional dos cursos de psicologia. Psicólogos e profissionais de áreas afins que trabalham com orientação profissional e estão em processo de formação profissional.

Procedimento: Utiliza-se a técnica de *role-playing* dos papéis a seguir sugeridos, seguindo a abordagem psicodramática. Nesta, o aquecimento nos papéis é fundamental, assim como o enquadre (local, as condições em que se desenvolve cada cena). Logo, é importante trabalhar bem cada personagem no seu papel (suas características mais marcantes, seus conflitos, suas expectativas), antes de iniciar-se a *cena dramática*.

Consigna: Vamos imaginar uma situação em que somos solicitados, como orientadores profissionais, a responder a uma série de questões apresentadas pelos pais de um(a) jovem em conflito de escolha profissional, sobre o trabalho do orientador profissional.

Papéis sugeridos: 1) jovem a ser orientado; 2) pai e mãe que solicitam auxílio; 3) psicólogo 1; 4) psicólogo 2; e 5) psicólogo 3.

História: Um(a) jovem pede a seus pais orientação quanto a sua futura escolha da profissão: *o que escolher? como escolher?* Os pais, sentindo-se inseguros para dar essa orientação, procuram ajuda de um psicólogo, mas para tanto fazem uma pesquisa na cidade para se informar sobre os tipos de trabalhos existentes, como são feitos, qual o *resultado* e a *eficiência* de todos eles. Procuram cada um dos profissionais a seguir e fazem um contato com eles. Solicita-se ao grupo para dramatizar o encontro dos pais com cada um dos psicólogos.

Psicólogo nº 1: Trabalha com a *modalidade estatística*, tem conhecimento aprofundado em psicometria e sempre trabalhou com testes. Apresenta resultados objetivos baseados em "testes científicos" e um laudo profissiográfico no final.

Psicólogo nº 2: Trabalha com a *modalidade clínica*, conhece bastante a psicanálise e procura evidenciar os determinantes inconscientes das diferentes escolhas que fazemos na vida, inclusive a escolha profissional, e a influência da família nessa escolha.

Psicólogo n° 3: Trabalha com a *modalidade sociogrupal*, pois seu referencial teórico inclui o trabalho de identificação entre os pares do grupo, e a conscientização dos diferentes fatores que interferem na escolha, sendo essa conscientização fundamental no processo de escolha.

Após consultarem todos esses profissionais, os pais decidem-se por um profissional. Qual deles? Explique por quê.

Discussão em grande grupo:

- Quais as características de cada uma das modalidades, seus pontos positivos e negativos?
- Em que situações cada uma delas poderá ser mais adequada ou inadequada?

A reorientação profissional

A reorientação[5] tornou-se durante a década de 1990 uma atividade cada vez mais solicitada aos psicólogos e orientadores profissionais. Por causa das inúmeras transformações sociais, as pessoas têm sentido a necessidade de buscar uma ajuda para redefinirem sua carreira profissional. A orientação profissional nos velhos moldes não tem mais sentido neste mundo atual. Nossa tarefa, como orientadores, é formular novos pressupostos para uma intervenção mais adequada a este mundo em mudanças.

A preocupação inicial dos jovens é encontrar a profissão *certa*, uma identidade profissional, permitindo o ingresso na sociedade e, futuramente, o exercício de um trabalho. Não se trata somente da busca de uma definição ocupacional, pois ela é vital para o indivíduo, uma vez que a decisão vai refletir-se em vários aspectos de sua vida e não só no seu trabalho, transpondo os limites de um *hospital* ou

---

5. Optou-se pelo termo "reorientação" a fim de marcar um atendimento diferenciado da orientação profissional, atingindo aquelas pessoas com experiência anterior na universidade ou no mundo do trabalho e que vieram em busca de uma "nova" orientação.

escritório. Um modo de vida estará sendo delineado a partir da escolha da profissão.

A preocupação inicial do adulto é assegurar-se de que está na escolha certa, para não errar novamente ao buscar uma nova opção. Sua vivência como um *erro* gera ansiedade e sofrimento muito diferentes da felicidade que ele imaginava encontrar quando escolheu sua profissão.

A globalização, como já falamos antes, tem modificado nossas relações com o mundo. Não só o mundo do trabalho, mas também nossas relações interpessoais: agora falamos menos ao telefone e passamos mais e-mails.

Tínhamos, até bem pouco tempo, como pressupostos básicos da OP:

- A possibilidade de *escolha*.
- A previsão de carreiras mais ou menos estáveis.
- A expectativa de se escolher uma carreira para *toda a vida*.
- A certeza de que o diploma conferia acesso ao emprego estável.

O que temos agora?

- Cada vez um número maior de possibilidades de escolhas, excesso de informações, inúmeros cursos, pois faculdades e cursos de formação estão sendo criados e oferecidos às pessoas.
- As carreiras estão a cada dia menos previsíveis, estão sendo modificadas; além disso, novas carreiras são constantemente criadas.
- Escolhe-se uma atividade profissional para um *presente* cada vez mais curto.
- Somente o diploma não é mais garantia de emprego. É preciso ter *empregabilidade.*

Alguns paradigmas estão sendo modificados:

1) Em relação à formação profissional:

Antes era valorizada uma formação única e aprofundada, isto é, a especialização em determinando assunto era valorizada, e quanto mais especializado melhor. Hoje, as empresas

144

querem profissionais flexíveis, com numerosas formações e experiências anteriores. Todos os cursos, mesmo aqueles abandonados, fazem parte do repertório de experiência da pessoa, portanto são considerados importantes. As experiências profissionais, mesmo aquelas temporárias, também.

2) Em relação ao local de trabalho e às relações de trabalho estabelecidas:

Não precisaríamos mais questionar os interesses pessoais em relação ao ambiente de trabalho, por exemplo, saber se a pessoa prefere: trabalhar ao ar livre, em ambiente fechado, em contato com pessoas, ou com objetos e máquinas, andar bem arrumada ou vestir-se à vontade. A pessoa *deverá* gostar de trabalhar em casa, sozinha, de pijama e roupão, sem precisar sair de casa, ligada em seu computador e conectada à internet.

3) Em relação ao auxílio na readaptação do sujeito a novos cargos: é importante enfatizar os aspectos psicológicos envolvidos nas diversas etapas da carreira profissional, procurando manter íntegra a identidade pessoal do sujeito.

Atualmente é mais importante o QE (coeficiente emocional), do que o QI (coeficiente intelectual). Portanto é mais importante saber trabalhar em equipe, ser flexível do que ser muito inteligente e um bom técnico em determinado assunto, se não souber aceitar as opiniões dos colegas. Eu sou tímido e sempre fiz o meu trabalho de determinada maneira, agora tenho dificuldade em aceitar a opinião dos estagiários, que chegam cheios de novas idéias. (Josué, 37 anos, engenheiro eletricista)

Estamos preparados, como profissionais, para enfrentarmos todas essas mudanças? Qual seria então o papel do reorientador profissional neste mundo em mudanças? Poderíamos pensar em algumas possibilidades:

- Auxiliar no processo de readaptação a novas carreiras.
- Desenvolver novas capacidades pessoais exigidas pelas novas ocupações como: espírito empreendedor, criatividade, flexibilidade, espírito de equipe, entre outras. Auxiliar também na identificação e no desenvolvimento de outras capacidades pessoais.
- Buscar a compreensão das relações existentes entre as diferentes ocupações vivenciadas pela pessoa e seus aspectos psicológicos (*background* psicológico) a fim de preservar a unidade e a integridade de sua identidade pessoal e profissional. Trabalhar a estrutura psicológica requerida nessa mudança.

É fundamental, ao falar-se em reorientação, definir o seu significado. O prefixo "re" quando colocado diante de uma palavra dá a esta o sentido de "fazer de novo"; então, poderíamos entender reorientação como "tornar a orientar". É possível? O que seria reorientar? Orientar novamente? A princípio apresento algumas questões inquietantes quando pensamos em reorientação:

- Só existe a possibilidade de reorientação se já existiu uma orientação anteriormente? Observamos na prática as pessoas procurarem ajuda porque não se sentiram orientadas no momento da primeira escolha.

Fiz o primeiro curso que me veio à cabeça, por eliminação dos outros que eu não gostava ou nem conhecia. Fiz vestibular para administração, pois é uma profissão bem abrangente e pode-se fazer mil coisas, trabalhar em lugares bem diferentes. Mas agora estou me formando e vejo que não combina comigo. Não quero trabalhar ao lado dos empresários que só pensam no lucro. (Lara, 21 anos)

- Só existe um processo de reorientação quando existe o questionamento da *escolha* anterior e um desejo de mudar, de *escolher de novo*?

Escolhi farmácia, meus pais tinham uma farmácia no interior e eu fui criada ali dentro. Nunca me questionei se tinha feito ou não a escolha certa. Agora eles estão separados e cada um tem a sua farmácia. Já estou formada há cinco anos e trabalho com os dois. Já fiz até especialização. Mas não estou mais agüentando, não sei, não me sinto realizada. Fico pensando, será que eu gosto mesmo de ser farmacêutica? Será que eu não iria gostar de fazer outra coisa? (Mariana, 27 anos)

- Seria a reorientação uma nova oportunidade de *buscar a felicidade*? Segundo Bohoslavsky (1981), o jovem busca na profissão escolhida uma possibilidade de *ser feliz.*

Eu já trabalhei com tudo na minha vida. Já fui babá de crianças, professora de pré-escola. Eu gostava muito de estar com as crianças, mas era muito cansativo, e o salário também não compensava. Depois fui trabalhar numa loja, gostava um pouco, mas nunca me sentia totalmente realizada. Agora com 29 anos quero descobrir algo para fazer em que eu me sinta realmente feliz, quero acordar de manhã e pensar: que bom, mais um dia de trabalho! Acho que vou sentir isso na arquitetura, pois me identifico com os projetos de casas, fazer a decoração de um ambiente. Acho que vou ser muito feliz! (Roberta 29 anos)

Segundo Garcia, a reorientação profissional tem por objetivo:

[...] resgatar os projetos profissionais daquele que, em um momento de sua vida, engajou-se numa escolha sem ter passado por questionamentos, ou importou-se apenas em viver aquele momento, ou ainda, considerou apenas o futuro, sem levar em conta todo o processo decisório pelo qual estava passando. (In: Lisboa & Soares, 2000: 147)

A reorientação tem acontecido em diferentes momentos da vida da pessoa, dependendo do momento em que a pessoa se encontra e sente a necessidade e a vontade de mudar. Podemos caracterizar alguns desses momentos:

1) Jovens universitários:
   - Jovens durante o período universitário — também pode ser chamada de *reopção* ou *reescolha*. O jovem busca a reorien-

tação por não estar satisfeito com o curso e pensar em trocar. Muitas vezes caracteriza-se como uma *crise no meio do curso*, isto é, o jovem não encontra sentido nas matérias estudadas, faltam disciplinas mais práticas e ele se questiona: "Será que estou na escolha certa?". Sua participação nos grupos leva-o a ter mais certeza de sua escolha. Outras vezes, a insatisfação não é em relação ao próprio curso, mas à profissão escolhida; nesse caso ele escolhe outro curso.

- Jovens no final de um curso superior. Alguns, por medo de enfrentarem o mercado de trabalho, questionam sua escolha, sobretudo neste momento, pois no Brasil hoje existe um grande excedente de jovens profissionais formados e desempregados. A falta de oportunidade profissional coloca em questão sua escolha anterior, e muitas vezes a saída no momento é a pós-graduação. É um momento para redefinir sua escolha anterior, escolhendo uma especialização mais próxima de seus interesses. O oferecimento de cursos de pós-graduação pelas mais diferentes instituições de ensino tornou-se um mercado promissor, com uma infinidade de especializações nunca antes imaginadas, fazendo com que o jovem adulto sinta-se novamente perdido, como na escolha do primeiro vestibular. Em alguns casos, jovens profissionais que se dedicaram ao estudo e à especialização, realizando vários cursos de pós-graduação e não tendo nenhuma prática profissional, acabam não encontrando uma colocação, pois estão muito além do que o mercado exige. Estes também se questionam.

Fiz administração de empresas, e me especializei em marketing nos EUA. Na volta fiz um MBA em São Paulo. Tenho fluência em três idiomas e sei trabalhar bem com os diferentes programas de computador. Já tenho 27 anos e ainda não consegui trabalhar dentro da minha área. Já fui secretária de um banco, mas não foi para isso que eu me formei. Agora me questiono, será que fiz a escolha certa? (Sabrina, 27 anos)

2) No meio da carreira profissional:
- Adulto aparentemente satisfeito no seu trabalho, uma pessoa bem-sucedida no que faz, mas descontente, não

se sentindo realizado profissionalmente. Em alguns casos, apenas trocar de especialidade dentro da mesma profissão, experimentar uma atividade diferente, pode resolver sua insatisfação. A mudança e o rompimento com a atividade anterior devem ser feitos solitariamente. A pessoa não encontra com quem conversar, pois todos vão dizer que ela está ficando *maluca* em trocar *o certo pelo duvidoso*, num mundo com tantas dificuldades de emprego. A pessoa que rompe também pode ser vista como uma *traidora*, pois tomara uma decisão seguindo o seu desejo, e pode ser este também o desejo de algum outro colega sem a mesma coragem.

Eu era médico pediatra, após quatro anos de clínica médica, com "consultório cheio", resolvi, solitariamente, largar tudo, meu consultório, minha clientela, meus colegas pediatras, minha cidade e começar tudo de novo, desta vez como psiquiatra. Precisei me submeter a um exame de seleção para ser admitido em residência num hospital psiquiátrico em São Paulo. Precisei também vender meu carro, na época um Chevette, para poder me sustentar em São Paulo. Hoje, após uma longa carreira como psicoterapeuta, sinto-me completamente feliz e realizado por ter tido a coragem de começar de novo. Não trocaria meu trabalho atual por nenhuma outra área da medicina. (Wilson, psicoterapeuta, 54 anos)

- Adulto insatisfeito com seu trabalho, uma pessoa malsucedida, pelas dificuldades encontradas na profissão, ou por realmente não se ter dedicado mais a ela, não gostando daquilo que faz. A pessoa, ao ser convidada a relatar sua vivência profissional, tem a oportunidade de fazer um balanço de sua vida profissional, redescobrindo muitas vezes os sonhos e as expectativas de jovem que ele não pode realizar.

Sou engenheiro civil formado, mas estou cansado de salário baixo, de estar sempre dependendo de chefe para poder realizar o meu trabalho. Larguei meu emprego, e decidi ser comerciante, abri uma papelaria. Estou mais satisfeito agora, pois sou dono do próprio negócio, em constante crescimento, e sinto-me recompensado financeiramente. (Luiz Paulo, 39 anos)

- Situação de desemprego: por causa da falta de emprego, a pessoa procura a reorientação a fim de resolver esta questão emergencial; nem sempre significa a procura de uma nova *escolha.*

Sempre fui jornalista de grandes jornais em Brasília, fazia a cobertura política do Congresso Nacional, sempre às voltas com as últimas resoluções do Planalto. Perdi o emprego, e resolvi abrir uma microempresa e prestar serviços na organização de promoções e eventos, por enquanto está dando certo, estou gostando. (Sérgio, 43 anos)

- Como conseqüência da *globalização*: a modernização tem trazido a necessidade cada vez mais urgente de nos adaptarmos à tecnologia, aos computadores, à internet. A reorientação também se aplica a trabalhadores de cargos extintos do organograma das empresas, fruto da tecnologia ou reorganização administrativa, e que precisam ajustar-se a um novo cargo e identificar outra(s) atividade(s) a ser desempenhada(s). Atualmente tem-se falado muito da reorientação nas empresas. Vemos diariamente o exemplo dos bancos, estes precisam cada vez menos de funcionários, pois os computadores estão substituindo rapidamente um grande número deles. O mundo do trabalho, mediatizado de mudanças tecnológicas, da automação, da globalização, do avanço das comunicações e dos transportes, tem exigido que os trabalhadores das mais diferentes profissões se modernizem também. Nesse caso a reorientação é devida, não a uma falta de orientação, ou a uma má escolha profissional, mas principalmente a mudanças externas, no meio ambiente, e à necessidade de adaptar-se a essas novas exigências.

Era funcionária do Banco do Brasil, e sempre gostei de me dedicar à cozinha. Adoro comida mineira. Minha especialidade sempre foi fazer pão de queijo. Com a crise, meu marido e eu perdemos o emprego e começamos a fazer pão de queijo para amigos e ex-colegas.

Os pedidos foram aumentando e fomos nos equipando melhor. Agora já temos uma minifábrica e empregamos outras nove pessoas na nossa cozinha industrial. (Elizabeth, 45 anos)

3) Na aposentadoria:

A aposentadoria tem chegado para pessoas ainda jovens, em condições de continuarem trabalhando. A reorientação pode ajudar a buscar os sonhos adormecidos, a realização de projetos deixados para trás por motivos familiares e profissionais. Santos (1990), como vimos nas páginas 36-7, estudou a identidade pessoal e a aposentadoria e encontrou duas maneiras de encarar a aposentadoria: uma é como crise (pela recusa em aceitar essa situação ou da volta ao trabalho por sobrevivência) e outra como liberdade (por meio da assistência aos familiares ou da busca do prazer mediante o lazer). Dessas duas modalidades, os primeiros continuam trabalhando, em geral na mesma atividade profissional ou podem procurar outra ocupação, visando buscar uma melhor sobrevivência, uma vez que os vencimentos de aposentados não permitem que se sustentem. Os indivíduos da segunda categoria se sentem livres, fazem projetos de futuro, com freqüência ligados à expansão pessoal e muitas vezes voltam a estudar. É um momento especial em suas vidas em que muitas vezes buscam *realizar* o que sempre sonharam, mas por diferentes motivos não puderam fazer anteriormente. Os indivíduos do primeiro grupo têm dificuldade em aceitar a aposentadoria e por isso continuam trabalhando, eles seriam os que mais necessitariam de um apoio, contudo a recusa em aceitar a aposentadoria os impede de procurar ajuda.

A psicodinâmica da reescolha: a necessidade de "romper"

Na primeira escolha existe a necessidade de elaboração do *luto*, por tudo aquilo que não é escolhido. É difícil para a pessoa aceitar o fato de ela não poder fazer *tudo* o que deseja, ao mesmo tempo e com a mesma intensidade. Para se fazer bem-feito uma coisa são necessários dedicação, tempo e esforço, o que torna inviável exercer duas ou mais profissões com a mesma qualidade e competência.

Quando o momento é de reescolha, ou seja, de uma segunda escolha profissional, a dificuldade maior é *romper* com o que já foi construído até então, como valores, modelos, amigos e até mesmo os familiares, em geral com mais dificuldades ainda em aceitar esse rompimento. Como deixar aquela profissão que nos acompanhou até aquele momento e, bem ou mal, garantiu o nosso sustento?

É preciso ir em busca do verdadeiro sentido. E enquanto este não é encontrado, a pessoa sente sempre o *medo de errar*, o medo de errar de novo, de perder mais tempo em sua vida realizando algo e não se sentindo feliz, nem realizado.

É necessário fazer o rompimento com a antiga profissão, muitas vezes idealizada, para ir em busca do *verdadeiro desejo*. A busca de uma nova profissão muitas vezes exige uma mudança de território, uma desterritorialização, que não necessariamente significa uma mudança de cidade, mas principalmente uma mudança em relação ao espaço social freqüentado pela pessoa. Cada profissão nos faz conviver com determinado tipo de situação, de pessoas, de lugares. Mudar significa deixar de freqüentar aquele lugar e passar a freqüentar outro, muitas vezes ainda desconhecido daquela pessoa. Existem sinais, códigos, vocabulários diferentes para cada profissão. Uma palavra que para um profissional pode ter um significado, para outro significa outra coisa completamente diferente.

É preciso *romper* com as certezas, as regras de segurança implícitas na escolha antiga. Quando se escolhe pela primeira vez tem-se a intenção de *ser feliz* naquela profissão. Guardamos toda a nossa felicidade para o momento da realização profissional. E quando esta chega, quando somos confrontados com a prática e constatamos não ser aquilo que imaginávamos, o que queríamos para nós, podemos sentir-nos em crise, crise de identidade profissional.

Bohoslavsky explica que a crise de alienação pode ocorrer quando existe a pseudo-identidade profissional. Quando o profissional *pensa* que está adaptado profissionalmente, mas

> [...] pode entrar em crise quando determinadas situações históricas e pessoais produzem um choque entre biografia e história. Na medida em que esse choque não se produz, a socialização é perfeita, sendo engrenagem do

sistema, sofre "sem saber" as contradições deste e, inconsciente das determinações em que o sujeitam, acredita-se poderoso. (1983: 53)

Na alienação profissional, segundo o autor,

[...] o orientando fala-nos de seu estranhamento e de forças externas a ele cujo condicionamento não pode evitar. Fala-nos de sua "não-realização" e da ausência de satisfação. É alguém que subitamente percebe a substituição da onipotência narcisista ("quero fazer um curso para realizar-me como ser humano") pela encruzilhada opcional incontestáveis: explorar OU ser explorado no sistema capitalista. (Ibidem: 49)

Essa situação pode caracterizar-se, segundo Bohoslavsky, como uma crise de pré-consciência,

[...] quando a vivência da alienação contrapõe-se, assim, à sensação de criatividade ou de realização pessoal e acusa o impacto das contradições insuperáveis encontradas entre sua realização pessoal e seus ideais de vida. (Ibidem: 50).

Nesse momento é preciso ROMPER, ou simplesmente MUDAR. É importante deixar claro a diferença entre *ruptura* e *mudança*. Em ambas encontramos uma separação do que estava estabelecido anteriormente, mas por meio de processos diferentes.

Segundo Barbaras,

enquanto a ruptura ocorre na sua própria estrutura para dar fim a determinada situação, a mudança é a modificação de uma situação, um arranjo que permite neutralizar conflitos potenciais ou equilibrá-los de forma a evitar a ruptura num certo prazo. (1998: 43)

A ruptura é imprevisível, mesmo que seja decorrente de um longo trabalho interior. Ela em geral apresenta-se como uma crise por sua falta de controle e previsão. A mudança já ocorre a partir de uma organização anterior, nos preparamos para mudar.

Por causa da surpresa e das perturbações que provoca, a ruptura introduz outra relação com o tempo, desordenada e caótica. A mudança é progressiva, respeitando uma cronologia em que são lançados pontos de referência lógicos e todas etapas a serem seguidas, quase sempre em continuidade com o passado; é uma adaptação. A ruptura pode suscitar emoções e sentimentos violentos chegando até a euforia, sendo irreversível.

Segundo Barbaras (1998: 44), *"uma ruptura verdadeira é uma fratura que nos separa de uma parte de nós mesmos"*.

Em alguns casos a ruptura acontece para viabilizar a busca de uma primeira escolha renunciada. O vestibular tem sido um grande castrador de sonhos, deixando de fora da universidade 90% das pessoas que procuram as escolas públicas. A frustração da não-classificação muitas vezes deixa marcas profundas nas pessoas.

Depois de trabalhar 20 anos como gerente de RH resolvi deixar meu trabalho, pois não existia mais sentido para mim. Os projetos que realizava anteriormente haviam sido cortados, minhas atividades haviam se transformado em rotinas entediantes. Minha profissão não me fazia mais sonhar, meu futuro profissional me parecia limitado, demarcado. Tive medo de largar tudo. Procurei durante um ano uma nova oportunidade de trabalho. Fui convidada a traduzir livros do inglês, na área de relações humanas, minha especialidade. Senti que podia aliar a escrita e a pedagogia, apesar de não poder recuperar meu desejo de ensinar, pude compensá-lo, pois voltei ao contato dos livros, com estudantes e com o conhecimento. Meu sentimento de "mutilada do vestibular" pôde enfim ser resolvido. Eu queria ter feito pedagogia mas fui reprovada no vestibular aos 18 anos. (Simone, 43 anos)

A ruptura sempre traz consigo uma incerteza em relação ao futuro e, conseqüentemente, um medo da liberdade, do desconhecido e do incerto. Ela pode ter a função de colocar fim a uma carreira, isto é, um rompimento drástico.

Desde pequeno toco piano, e minha mãe, juntamente com meu professor, acreditou que eu tinha um bom potencial para tornar-me um pianista. E foi só o que fiz até meus 27 anos. Tive uma infância regrada, sem poder fazer esportes ou divertir-me com meus colegas, pois devia cumprir um rigoroso programa de exercícios no piano. Apesar de violentos conflitos interiores tomei a decisão de pôr fim a

minha carreira com uma tristeza infinita, e depois, pouco a pouco,
senti um alívio tão forte e reparador que perguntava se lá no fundo
já não estaria inconscientemente me preparando para esse desfecho.
Depois de minha decisão passei a desfrutar um sentimento incessante
de liberdade. (Teo, 31 anos)

A ruptura provoca uma fenda entre o passado e o futuro, pois não se está mais no passado, este deixa de existir para a pessoa, e ao mesmo tempo ainda não se chegou no futuro, este ainda não existe. Como conviver com tal sentimento de vazio que este presente provoca?

Segundo Barbaras (1998: 51), este espaço configura-se como um espaço formidável de reflexão, é uma passagem do estado de ilusão para um estado de lucidez. Essa transição pode ser considerada o momento mais perigoso do processo de ruptura. Não se está no passado e ainda não se chegou no futuro. É um momento estranho, ao mesmo tempo feito de ausência e de tensão. Descobrem-se muitas coisas, às vezes surpreendentes, em si próprio e nos outros. A ruptura tem isso de bom, no sentido de que põe fim, freqüentemente sem precaução, à confusão do pensamento, à imprecisão de certas situações e à sua própria indecisão.

A ruptura põe fim às ilusões, isto é, ela obriga a pessoa a tomar consciência de si mesma, de seus desejos, de todos os determinantes internos e externos que a impediram de realizar-se profissionalmente. Ela leva a uma crise de consciência e em seguida a uma tomada de consciência.

Crise da meia-idade — a busca do tempo perdido

Gostaria de aprofundar este momento da vida da pessoa que busca a reorientação. Se considerarmos a teoria de Super, a fase de permanência ou manutenção da escolha profissional, considerada a maturidade, caracteriza-se pela preocupação de sustentar e manter o posto já alcançado, o lugar alcançado no mundo do trabalho. Ocorre uma desaceleração e uma tendência a concentrar-se no conhecido como fonte de segurança, evitando-se o novo.

Se pensarmos a reorientação como um *escolher de novo,* colocamos o adulto perante um conflito de desenvolvimento, isto é, se por um lado ele está passando por uma fase de *acomodação e consolidação,* por outro ele deve voltar a *ser jovem* para poder *escolher de novo*, começar de novo uma nova carreira. Tarefa esta que não é fácil para ele.

Muitas vezes é nesse momento da vida, a meia-idade, que a pessoa, sobretudo a mulher que sempre foi dona de casa e preocupada com a educação dos filhos, vai procurar o seu primeiro emprego. Constata-se uma dificuldade inicial do mercado em absorver esses profissionais. A falta de uma formação mais atualizada faz com que essas pessoas procurem cursos de aperfeiçoamento, especialização e até mestrado a fim de melhor se capacitarem para ingressar no mercado.

Soma-se a essa dificuldade o fato de esses pais, estando na meia-idade, provavelmente terem filhos adolescentes em fase de primeira escolha profissional. Então pai e filho ou mãe e filha podem estar passando ao mesmo tempo pela mesma angústia, a urgência da escolha de um trabalho ou profissão. É importante questionarem-se os sentimentos envolvidos e como cada um se posiciona diante da escolha do outro. As conseqüências desse momento podem ser determinantes no relacionamento entre eles e com a futura profissão. Muitas vezes atendemos jovens que se sentem ameaçados quando percebem que os pais estão iniciando uma nova carreira, pois pensam não estar preparados para ser tão competentes como os pais, mais experientes no assunto. Segundo Canedo:

> [...] fica claro que a meia-idade pode ser uma etapa de reconstrução e mesmo de construção de formas mais integradas e positivas de viver. A busca por uma nova inserção profissional é o ponto de partida para a manutenção da vitalidade, e a vivência do "estar aposentado" pode permitir a retomada dos sonhos esquecidos ou abandonados, ou, ainda, a renovação, o sentido da vida por meio de novos projetos. (In: Lisboa & Soares, 2000: 197)

Aspectos pessoais conflituosos

A presença de complicadores pessoais também é constatada durante o processo grupal ou, ainda, durante as entrevistas devolutivas. De qualquer modo, é importante essa constatação, porque nos permite compreender, por exemplo, casos de impossibilidade temporária de realizar escolhas, respondendo ao porquê da dificuldade de fazê-lo.

Observam-se as pessoas desempregadas chegarem muito atrapalhadas e confusas, sendo, justamente, as que apresentam maiores complicações pessoais (processos depressivos, decepção amorosa, alcoolismo na família etc.).

Os reorientandos são pressionados para que permaneçam na escolha familiar, dificultando e, às vezes, impedindo que busquem suas próprias escolhas, em caso de insatisfação com escolhas anteriores. Geralmente são pessoas com um pouco mais de maturidade, e o processo de reescolha funda-se mais nas experiências anteriores de sucesso/frustração e menos na idealização.

Lá em casa eu ainda não falei que estou vindo ao grupo. Meu pai não aceitaria a troca de profissão. Ele acha que eu devo terminar o curso, mesmo sem gostar, e depois eu vejo o que eu faço. (Mariana, 21 anos)

Os reorientandos, com uma escolha feita anteriormente, apresentam dúvidas, ansiedade e medo acrescidos da experiência de *frustração pelo erro da última escolha*, e a insatisfação de estarem fazendo o que não gostam é que torna mais premente a resolução do conflito da escolha profissional.

O nível de exigências e questionamentos dos sujeitos, quanto às proposições e aos trabalhos propostos ao grupo, é diretamente proporcional às suas experiências de vida e grau de maturidade. Quanto mais experiências vitais possuem, mais *dados* ou elementos possuem para questionar o momento de vida pelo qual estão passando, havendo muita polêmica, discussão e aprofundamento dessas questões. Sua *bagagem* de vida vem acrescida de uma frustração pelo erro da primeira escolha, ou seja, pelo fato de estarem cursando ou já serem formados num curso que não lhes está interessando ou não lhes satisfaz.

Pensava em abandonar o curso de Letras/Alemão, pois escolhi este por influência da minha mãe, de origem alemã. Agora no final do grupo, vejo que a língua alemã pode ser um forte diferencial para mim, no mercado de trabalho, como segundo idioma. Posso acrescentar ao meu currículo de Publicidade e Propaganda, que é o que realmente quero fazer. (Frederico, 22 anos)

O processo de reorientação profissional pode proporcionar um esclarecimento e levar as pessoas a se sentirem encorajadas a acreditar em si próprias e contrapor suas escolhas com as expectativas de outras pessoas. Esse resultado fica bem caracterizado no caso de uma jovem universitária:

Meus pais moram em outra cidade e só continuariam me financiando os estudos se eu continuasse a administração, escolha do meu pai para mim. Meus irmãos mais velhos não fizeram, e o pai queria que alguém continuasse os negócios da família. Gostaria de fazer um curso na área de humanas como Sociologia ou Serviço Social. Mas como iria enfrentar o meu pai? No grupo pude ter mais certeza da minha real escolha e consegui explicar para o meu pai qual a minha verdadeira escolha. Ele acabou por ceder aos meus argumentos. (Juliana, 20 anos, um ano de administração)

Vejamos o caso de um jovem, cursando a quinta fase da Engenharia Civil; embora não desgostasse, também não tinha convicção de sua escolha. A partir do penúltimo encontro pôde fazer uma reescolha, tentando transferência interna para o curso de Agronomia, mas sem sucesso. Sua determinação levou-o a preparar-se para enfrentar, com sucesso, um novo vestibular. Hoje está cursando Agronomia e, muito feliz, relatou que o trabalho de reorientação profissional foi decisivo para que ele *se encontrasse*.

Outro caso mostra como, a partir de um trabalho de reorientação profissional, as pessoas podem se dar conta de que seus conflitos são de caráter existencial e não necessariamente profissional. É o caso de uma mulher com nível de formação em mestrado e que trouxe como queixa inicial o desgaste em sua profissão, a qual exercia já havia vários anos. Durante os encontros foi explicitando sua angústia:

Sinto uma angústia em mim, em relação a mim mesma, pois nada do que faço dá certo, me sinto inadequada em relação às outras pessoas. A partir do suporte que recebo do grupo, me sinto melhor. (Telma, 42 anos)

O apoio recebido do grupo e a identificação de sua história de vida com a de um dos profissionais convidados, para falar sobre a sua escolha profissional em um dos encontros, levou Telma a se dar conta de que seu sentimento de inadequação estava relacionado ao fato de o grupo de referência no qual estava inserida não aceitar que ela seguisse um padrão diferente do esperado por este. Assim, sendo diferente do grupo, ela se sentia de certo modo excluída e/ou com a sensação de inadequação. Esse fato também era reforçado por consignas familiares que lhe prescreviam o papel da adolescente problema, da diferente, da ovelha negra. Observou-se então que, a partir da compreensão da sua dinâmica relacional, em que precisava se fazer respeitar em sua singularidade, as insatisfações profissionais tornaram-se mais fáceis de ser elaboradas, e as soluções encontradas não implicaram uma mudança de área profissional, mas, sim, o aproveitamento da bagagem de conhecimentos já acumulada até então e o desenvolvimento de novas e criativas possibilidades profissionais na mesma área de atuação.

Mesmo apresentando um nível de questionamentos maior, em virtude de terem mais experiências de vida, nem por isso é mais fácil para os reorientandos chegar a uma nova escolha profissional; em parte, porque essa decisão depende de como cada um lida com seus conflitos e de como vivenciou até agora os dilemas de uma escolha, independentemente do tipo de escolha feita. E, ainda, como cada um consegue perceber e lidar com os fatores e conseqüências que influem e estão envolvidos nos processos decisórios.

O perfil do atual trabalhador implica um homem mais flexível e capaz de se adaptar a rápidas mudanças. Portanto, é importante e necessário que o reorientando entenda como e por que o ambiente de trabalho está mudando e qual a lógica subjacente a essas mudanças para poder lidar com o novo universo ocupacional.

Segundo Krawulsky et al.:

> A intervenção do reorientador profissional dever ser no sentido de auxiliar os indivíduos a melhor compreenderem esta nova "ordem" imposta pelo mercado de trabalho e a descobrirem em si mesmo habilidades que possam ser potencializadas e aprimoradas a fim de servirem como "capacidades" a serem oferecidas ao mercado de trabalho. (2000: 99)

Uma proposta de definição da reorientação profissional

Gostaria de propor uma definição para a reorientação na idade adulta.

REORIENTAR É:

Facilitar o processo de adaptação profissional diante das mudanças exigidas pela modernização e pela globalização.

Auxiliar a romper com a antiga profissão para o reorientando poder ir em busca da verdadeira escolha da profissão que responde às reais necessidades da pessoa.

Facilitar ao indivíduo compreender seu progresso em suas sucessivas "escolhas", auxiliando-o a ver a relação existente entre as diversas decisões que vai tomando ao longo de sua vida profissional.

Trabalhar a relação homem—trabalho, a vivência no desempenho da profissão, dos sentimentos experimentados e as mudanças exigidas.

Em época de crise, o psicólogo muitas vezes é chamado a fazer milagres, embora não seja essa a sua função. Mas ele pode sim escutar, compreender e procurar junto com seu cliente uma *reorientação profissional* possível!

Bleger (1980: 65) nos diz que a situação mais feliz é aquela em que o trabalho e o *hobby* coincidem, no sentido de que o trabalho seja, ao mesmo tempo, uma fonte de prazer. Bohoslavsky também afirma que o objetivo principal do jovem é a busca da felicidade. Sem um trabalho que possibilite o prazer, não dá para ser feliz.

O reorientador deve procurar contribuir na reflexão sobre o projeto de vida pessoal e profissional e, a partir de tal reflexão, na busca de novos caminhos, auxiliando as pessoas a se darem conta de como lidam consigo, com as relações de trabalho e sociais para, então, se necessário, reestruturar tais relações, de um modo adequado para si e para a sociedade. Deverá ser um trabalho que aprofunde a questão da identidade vocacional no sentido proposto por Bohoslavsky (1993), isto é: responder aos "para quê" e "por quê" da escolha de determinada profissão. O trabalho do psicólogo deverá visar propor uma integração da identidade vocacional-profissional com a história pessoal e familiar da pessoa.

6

As técnicas para orientação e reorientação profissional

É fundamental que o orientador profissional, ao aplicar essa estratégia de ação, tenha claro o referencial teórico que serve de referência para este procedimento. Caso contrário, não teria o menor sentido aplicar uma série de técnicas, mecanicamente, se não estiverem ancoradas numa perspectiva maior, incluindo uma visão de homem, de mundo, de acordo com uma ética profissional. Esse trabalho por si só pode ou não dar os resultados esperados. Dependerá sempre da percepção do coordenador, de sua capacidade de compreender o grupo, com suas necessidades específicas.

Muitas vezes o grupo assinala objetivamente o que ele está precisando naquele momento. O coordenador dever ser capaz de diagnosticar cada momento do grupo a fim de poder responder às suas necessidades. Observamos com clareza as diferenças grupais: por exemplo, os grupos de orientação profissional solicitam de início mais informações sobre o mundo das profissões, a universidade e seus cursos. Num segundo momento sentem falta de um conhecimento maior de si mesmo. Já os grupos de reorientação preferem aprofundar o conhecimento de si mesmo, dedicando boa parte do trabalho grupal nessa questão.

Esse conjunto de técnicas para orientação e reorientação profissional é apenas uma sugestão e deve ser adaptado conforme as necessidades e disponibilidades existentes em cada situação específica. Nossa prática confirma a necessidade de serem alocadas no mínimo de 15 a 20 horas de trabalho, com um número de encontros que varia entre oito e dez. A duração deve ser de duas horas, uma ou duas vezes por semana. O número de participantes pode variar entre 8 e 15 jovens, um coordenador e um observador participante (se possível).

Como estratégia de trabalho, solicita-se ao final de cada encontro a realização de tarefas em casa, visando:

1) Manter o jovem ou adulto mobilizado no seu processo de escolha mesmo quando estiver longe do espaço-grupo.

2) Aproveitar melhor o tempo no qual o grupo está reunido, discutindo questões já pesquisadas e elaboradas em casa.

3) Motivar a busca do conhecimento da realidade e a vivência de algumas experiências que poderão ser muito importantes no momento de escolha, como conversas com pais e pessoas importantes para cada um e visitas a locais de trabalho.

4) Dar um papel ativo ao sujeito, evitando a projeção de toda expectativa de solução do problema no grupo e principalmente no seu coordenador.

Inicialmente, minha vontade era a de propor um planejamento em que todas as técnicas e os procedimentos estivessem previstos e pudessem ser aplicados em qualquer oportunidade. A realidade tem evidenciado a diversidade de expectativas e necessidades de cada grupo. O planejamento é apenas o ponto de partida para o orientador; ele deve ser revisto a cada encontro, sendo adaptado às necessidades do grupo com o qual estamos trabalhando.

Apresento sugestões de técnicas utilizadas com maior freqüência e que têm demonstrado sua eficiência em auxiliar os participantes do grupo quanto a um maior entendimento de si mesmos e da situação que os envolve.

A criatividade e a habilidade do orientador terão papel primordial no desenrolar dos trabalhos. Muitas técnicas poderão ser sugeridas, bastando para isso ter-se sempre claro o objetivo de cada encontro e a postura filosófica, ética e profissional perante o jovem. Considerá-lo sujeito de sua própria escolha e não se sentir seduzido pelo seu apelo de resolvermos a questão da escolha em seu lugar é algo que deve estar sempre presente.

Os encontros iniciais devem ser utilizados para buscarmos um maior conhecimento de cada um por si próprio, e para o orientador elaborar um diagnóstico inicial da situação específica de cada jovem. O orientador deve ser capaz de responder às seguintes perguntas: por que está difícil para essa pessoa escolher? O que a está impedindo de ter clareza sobre o seu projeto profissional?

Num segundo momento devem ser fornecidas informações sobre as diversas profissões, dando-se ênfase àquelas da região e viáveis para aquelas pessoas. Deve-se sempre ter presente os dados da realidade, pois de que adiantaria propor uma expectativa muito alta num jovem se este não terá condições de alcançá-la?

Finalizando o processo, é importante tentar uma integração de tudo o que foi visto para cada pessoa especificamente. É aconselhável trabalhar de forma individual e sentir a repercussão dos fatores externos em cada caso particular.

Os objetivos

A seguir, proponho os objetivos gerais e específicos que devem ser buscados num trabalho de orientação profissional. Veja diagrama na página seguinte.

Objetivo geral:

Assessorar a pessoa na solução das dificuldades encontradas ao enfrentar a necessidade de escolha ou reescolha de sua profissão.

Objetivos específicos:

Auxiliar a pessoa que busca orientação ou reorientação profissional a:

- Pensar em si mesmo, conhecendo melhor seus gostos e interesses.
- Informar-se sobre a realidade do mundo do trabalho e das profissões, analisando como estas se refletem em sua situação particular.

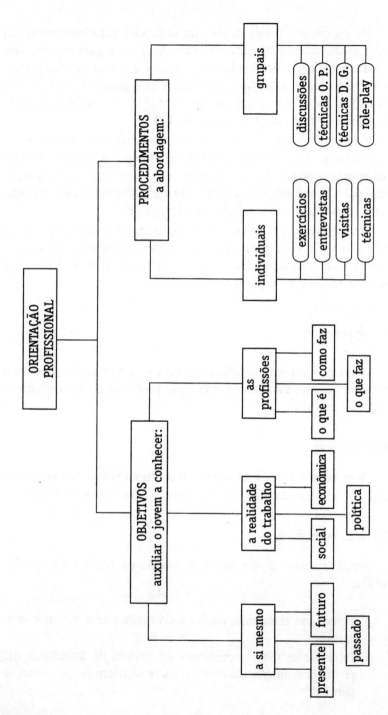

- Refletir sobre os aspectos ideológicos subjacentes e sua influência nas nossas atividades e atitudes diárias.
- Compreender as expectativas dos pais como reflexo da expectativa da sociedade na qual está inserido.
- Expressar seus sentimentos em relação a esse momento de decisão e o momento posterior de aprovação ou não no exame vestibular.
- Aliviar a tensão e o conflito provocados por todos esses fatores.
- Pensar sobre a escolha profissional relacionando-a com a história pessoal e como resultado de um processo de interação com o social, em constante mudança.
- Refletir sobre a importância do trabalho, sua função social, a motivação e a satisfação em realizá-lo.
- Obter maior informação sobre as profissões, as universidades, o mercado de trabalho, a globalização e empregabilidade.
- Discutir sobre as oportunidades de profissionalização oferecidas pela sociedade, além da universidade, por outras formas de profissionalização.
- Auxiliar no processo de formação da identidade profissional.

As técnicas

As técnicas, os procedimentos e as sugestões de atividades aqui sistematizadas têm como objetivo auxiliar o profissional a organizar seus grupos de orientação e reorientação profissional. Muitas das técnicas já se encontram descritas na literatura disponível sobre dinâmica de grupo e sobre orientação profissional e vocacional. Algumas adaptações foram feitas para se adequarem ao objetivo principal, no caso, a escolha profissional.

Os procedimentos dizem respeito à prática do psicólogo clínico na sua atividade com clientes, por exemplo, o estabelecimento do contrato de trabalho, os aspectos éticos envolvidos no atendimento e a aplicação de testes. Considerou-se importante a sua inserção no corpo deste trabalho, deixando claro, assim, o posicionamento da autora nessa situação.

Acompanham cada técnica algumas observações sobre a sua aplicação em grupos de orientação e reorientação profissional. A apresentação dá-se de forma bem sistemática e didática, sendo necessário um conhecimento teórico prévio em dinâmica de grupo e processos grupais.

Cumpre ressaltar ainda que sua utilização só poderá ser feita por um profissional capacitado e com domínio teórico da psicologia dos grupos, a fim de poder trabalhar as diferentes situações emergentes nos processos grupais.

Com a apresentação das técnicas, fica demonstrado como, na prática, podem ser trabalhados os conteúdos descritos na parte teórica inicial deste livro.

Estamos apresentando várias técnicas com o mesmo objetivo, a serem escolhidas pelo coordenador do grupo. Elas pretendem ser apenas um estímulo para a prática. Muitas outras atividades poderão ser criadas e desenvolvidas, bastando para tanto iniciativa, sensibilidade e criatividade. Para complementar esse tema, podem ser pesquisados livros como Lassance (1999), Oliveira (2000), Lisboa e Soares (2000) e os anais de eventos e revistas da ABOP.

Minha experiência tem-me auxiliado muito nesse sentido, e diversas técnicas aqui apresentadas surgiram no próprio espaço grupal e nas supervisões, junto com os estagiários de psicologia da UFSC.

Técnicas de apresentação e levantamento de expectativas

1) Apresentação de pessoas desconhecidas

Objetivo — Tornar os membros do grupo conhecidos uns dos outros rapidamente, num ambiente descontraído, possibilitando uma melhor integração.

Procedimento — Escreve-se o nome de cada pessoa num cartão, que é distribuído aleatoriamente entre os presentes. Pede-se para cada um tentar relacionar o nome escrito no cartão com alguém do grupo e dizer por que o fez. Os critérios utilizados são aleatórios. Ao final, cada participante relata os seus sentimentos em relação ao fato de ter adivinhado o nome do outro e de o seu ter sido alvo de acerto ou não. Cada participante apresenta-se ao grupo falando sobre si, seu dia-a-dia e as expectativas em relação ao grupo.

Essa técnica proporciona de imediato um clima de descontração. As pessoas cujos nomes são adivinhados pelos componentes do grupo sentem-se satisfeitas, pois seu nome está refletindo o que ela é, o que se revela corporalmente. Aquelas cujo nome não é alvo de adivinhação contam alguma outra experiência em relação ao nome que lhes lembra a situação.

2) Conhecimento do nome

Objetivo — Conhecer um pouco da história pessoal de cada um a partir do comentário do seu próprio nome.

Procedimento — Solicitar que todos do grupo falem sobre o seu nome: como foi escolhido, por quem, qual o seu significado, se a pessoa gosta dele ou não, como os outros reagem em relação ao nome, acontecimentos significativos envolvendo o nome, em quais situações ele ajuda ou atrapalha, qual nome escolheria se precisasse trocar, qual o apelido, por que este e não outro etc.

Observa-se um interesse grande das pessoas em conhecer a história do seu nome e em pesquisar, com os pais e familiares próximos, aspectos importantes referentes a ele. Com freqüência, nos encontros subseqüentes são apresentados novos fatos sobre o nome.

A escolha do nome pelos pais está, em geral, carregada de muita expectativa. Em alguns casos, já nessa técnica percebe-se a dinâmica familiar em relação à escolha profissional do filho. Por exemplo, um jovem relata que seu nome foi escolhido inspirado num homem de negócios, de sua cidade natal, muito bem-sucedido e dono de uma invejável fortuna. O próprio grupo comenta a expectativa de sua mãe, ao escolher tal nome, pois esperaria esse futuro para seu filho, e ele sorri concordando.

3) Levantamento de expectativas — conversa grupal

Objetivo — Conhecer as expectativas do grupo em relação ao processo de orientação profissional.

Procedimento — Solicita-se aos jovens comentarem com o grupo sobre as seguintes questões:

- o que deseja da OP;
- o que espera acontecer nos encontros;
- o que imaginava antes de iniciar os trabalhos;
- por que procurou a OP;
- quais as suas experiências anteriores em OP;
- como ficou sabendo deste trabalho.

A expectativa das pessoas gira em torno dos testes e da possível resposta de uma profissão definida. Quando não é essa a expectativa, ainda assim imaginam que o psicólogo lhe dirá *o caminho a seguir*. É importante conversar profundamente sobre essa expectativa, levando-os a se compromissarem com a sua própria escolha. No próprio grupo surgem pessoas contestando essa posição de receptivos e passivos e argumentam sobre a necessidade de um posicionamento próprio e ativo de cada um. O fato de relatarem o que imaginavam anteriormente permite ao psicólogo ter uma visão geral das fantasias relacionadas à sua atuação e das fantasias de resolução do conflito da escolha.

4) Levantamento de expectativas — técnica do cartaz

Objetivo — Listar as expectativas do grupo em relação ao processo de orientação profissional, comentando a responsabilidade de cada um na decisão.

Procedimento — Distribuem-se ao grupo folhas de cartolina, revistas (com fotos variadas), tesouras e cola. Solicita-se a cada um fazer uma colagem representando a sua expectativa em relação ao processo de orientação profissional. O coordenador e seu auxiliar (se houver) também confeccionam o seu cartaz, expondo a sua expectativa e já apresentando alguns elementos para a realização do contrato grupal, como: a questão do tempo, a necessidade de buscar informações e a importância da participação de todos para o bom andamento do grupo. É mais interessante estimular a utilização de figuras, pois estas despertam projeções e explicações as mais variadas por parte dos jovens.

Logo após, cada membro do grupo apresenta o cartaz de um dos colegas, e os outros participantes relatam o que puderam perceber desse cartaz. Depois, o dono do cartaz apresenta-o ao grupo, conforme sua concepção inicial.

Essa técnica pretende pesquisar os motivos manifestos e latentes presentes no momento em que se busca a OP. Visa também averiguar o que é conhecido pelo grupo, a fim de esclarecer a postura de trabalho a ser realizada, desmanchar estereótipos e idéias errôneas sobre esse trabalho. As fantasias de resolução, isto é, como eles imaginam resolver a situação de indecisão, também são trabalhadas.

Os participantes inicialmente se mostram um pouco surpresos com a proposta, pois estão quase sempre esperando testes ou outros procedimentos mais *formais*. Passado este impacto inicial, as pessoas acabam por envolver-se profundamente no trabalho de procurar, nas revistas, fotografias ou dizeres representando seus sentimentos.

No final produzem-se trabalhos muito interessantes, e a avaliação é de uma atividade produtiva, relaxante, que os levou a pensar o que estavam buscando ali. Ao final de todo o processo de OP faz-se uma avaliação do trabalho como um todo a partir desse cartaz (vide técnica de avaliação).

5) Técnica de apresentação e integração do grupo — novelo de lã

Objetivo — Proporcionar ao grupo o conhecimento dos participantes, suas expectativas e a visualização da importância de cada membro no trabalho em grupo.

Procedimento — Com um novelo de lã ou um rolo de barbante na mão, o coordenador apresenta-se. Logo após, atira o novelo para um dos participantes e solicita que este se apresente. Ele deve enrolar a linha na sua mão, enquanto se apresenta, e logo depois atirar o novelo para outro participante, e assim sucessivamente até que todos tenha se apresentado. A seguir, pede-se aos participantes que analisem o desenho formado com o barbante, pois ele mostra uma primeira configuração do grupo. Solicita-se, então, a uma pessoa para soltar o barbante do seu dedo. Todos analisam o que acontece — a teia grupal se rompe. Nesse momento discute-se a importância de todos os participantes estarem sempre presentes no grupo, para que este funcione na sua plenitude. Em seguida o cordão deve voltar e cada um deve falar o nome daquele que lhe passou o barbante e também comentar sobre sua expectativa em relação no grupo, o que veio buscar.

Ao final o coordenador aproveita o momento para falar sobre o contrato grupal.

6) Contrato de trabalho

O contrato de trabalho não se configura como uma técnica propriamente dita. Ele é apresentado aqui como uma lembrança ao profissional da importância da sua realização. Nenhum trabalho psicológico pode acontecer sem o estabelecimento de um contrato entre ambas as partes, psicólogo—orientador e cliente—orientando. Deve ser feito no final do primeiro encontro de grupo

Objetivo — Estabelecer o contrato de trabalho de forma clara e objetiva a partir da aceitação, por parte de todos os membros do grupo, dos compromissos a serem cumpridos.

Procedimento — Discute-se no contrato grupal os seguintes itens:
- número de encontros: oito, ou conforme as possibilidades do grupo, do orientador e da instituição;
- duração de cada encontro: duas horas;
- horário e dias da semana: a definir conforme as possibilidades.
- tempo de atraso: 10 a 15 minutos

Discutidas as motivações para o trabalho de OP, são explicitados os objetivos, deixando clara a posição do jovem como responsável pela sua decisão. É importante reforçar o compromisso do jovem consigo mesmo e com o grupo para o bom andamento do trabalho.

Esclarecemos a nossa visão do processo de orientação profissional: esta ocorre num processo contínuo e não necessariamente ao final do último encontro, quando todos já tiverem se definido por uma única profissão. É necessário um amadurecimento pessoal, que muitas vezes não coincide com o final do grupo, nem com a data-limite para a inscrição no vestibular. O objetivo desse trabalho é o de tornar claro cada um dos inúmeros fatores que interferem na sua escolha, para, a partir desta tomada de consciência, o jovem ter condições de se definir, satisfazendo suas necessidades pessoais.

Técnicas de conhecimento de si mesmo

7) Testes psicológicos de interesse e aptidão

Objetivo — Trabalhar a questão da utilização ou não de testes psicológicos na orientação profissional.

Procedimento — Discute-se sobre o conhecimento e as experiências anteriores a respeito dos testes psicológicos. Logo após comenta-se a sua utilização ou não neste trabalho, bem como são esclarecidos alguns posicionamentos.

Alguns já passaram por uma bateria de testes e comentam o fato de estes não terem adiantado em nada para a sua escolha. Referem-se ao fato de terem recebido do profissional uma lista de profissões de determinada área de interesse, não definindo qual a profissão a ser escolhida.

Após a discussão, o coordenador escolhe uma profissão, por exemplo, medicina, e solicita ao grupo a definição de quais as características pessoais e aptidões consideradas importantes para um profissional desempenhá-la bem. Em geral são comentados aspectos psicológicos como dedicação, disponibilidade, coragem, sangue—frio etc. Pergunta-se, então, como seria possível testar essas capacidades nas pessoas, ficando clara aí a dificuldade de se realizar essa avaliação.

Explica-se então: não existem testes específicos para OP. É impossível definir o futuro de uma pessoa a partir de um teste. Alguns medem aptidões específicas, requisitos básicos para certas profissões, especialmente aquelas ligadas à área tecnológica. Por exemplo: o teste de raciocínio espacial é válido para quem deseja seguir profissões tais como arquitetura, engenharia civil, entre outras. Pode-se também avaliar as aptidões pessoais pela análise das experiências escolares relatadas pelo aluno, por exemplo, quem gosta de matemática com certeza teria um ótimo escore no teste de raciocínio numérico.

Usa-se também para esclarecer a utilização de testes em OP a analogia proposta por Bohoslavsky (1981: 112), na qual os testes podem ser utilizados como diagnósticos, assim como o médico utiliza-se do raio X ou de exames de laboratório. Os exames médicos não vão curar a doença do paciente, apenas confirmar ou não a hipótese do médico e dar um direcionamento ao tratamento a ser proposto. Do mesmo modo, os testes de interesse e de aptidão não vão definir a profissão, nem resolver o problema da indecisão, apenas trarão alguns dados objetivos, a serem confirmados ou não segundo a análise destes junto com a história escolar e pessoal.

Não adianta aplicar todos os testes e conhecer todas as aptidões, interesses e traços de personalidade de uma pessoa se esses dados não forem integrados à sua história de vida, sua motivação pessoal, sua constelação familiar, seus anseios e desejos, seus valores pessoais e culturais e seus projetos de futuro. Esses dados acabam tornando-se mais importantes no momento da decisão do que o conhecimento obtido pelos testes. A resposta está dentro de cada pessoa, e nenhum profissional (muito menos um teste), por mais capacitado que esteja, tem o direito de interferir.

É importante esclarecer a existência de testes projetivos, de uso exclusivo do psicólogo, utilizados para conhecer melhor a dinâmica da personalidade do jovem e sua relação com o futuro profissional. Testes como BBT, Omega, entre outros, têm sido bastante utilizados e pesquisados[1] por psicólogos orientadores profissionais com resultados surpreendentes.

Finalmente, é esclarecido: os testes só serão aplicados durante o processo grupal quando for constatada a necessidade pelo psicólogo coordenador dos trabalhos.

8) A desmistificação do teste de interesses

Objetivo — Conhecer e sistematizar os interesses dos jovens, desmistificando o poder do teste de interesse e valorizando a decisão pessoal.

Procedimento — Aplicar um teste de interesses, pode ser o Inventário de Interesses de Angeline e Angeline ou o Levantamento de Interesses Profissionais (LIP), de Carlos del Nero ou outro de conhecimento do psicólogo.

---

1. Veja publicações da ABOP, na bibliografia.

Devolução dos resultados

A devolução dos resultados deverá ser feita durante a aplicação da técnica R-O (descrita a seguir), no passo número oito, quando o jovem já escolheu os grupos com os quais mais se identifica. Trabalha-se então comparando os dois resultados e tentando esclarecer as relações (e motivações subjacentes) entre as diversas áreas de maior interesse do jovem.

Esse procedimento visa, principalmente, levar o estudante a tomar consciência dos seus próprios interesses, assumindo a responsabilidade por eles e não projetando sobre o teste.

9) Discutindo sobre interesses (II)

Objetivo — Perceber as características e os interesses pessoais associados a atividades do cotidiano.

Procedimento — Solicita-se a realização de uma listagem com todas as atividades que cada pessoa gosta ou não de fazer (essa tarefa pode ser feita em casa). Logo após, comentam-se as atividades listadas bem como os sentimentos despertados na sua realização. O coordenador pode ampliar a discussão sugerindo os seguintes itens:

- interesses — habilidades pessoais;
- vida diária — como é a rotina;
- lazer — como ocupa o tempo livre;
- vida escolar — experiências marcantes, matérias de que mais gosta;
- prazer no estudo — no esporte e em outras atividades;
- internet — quais as páginas de maior interesse.

Esse debate visa reconhecer habilidades, interesses, disciplinas preferidas, relacionando-os com prováveis profissões afins. Pretende-se também conhecer a vida escolar do jovem, suas dificuldades e vivências positivas.

10) Gráfico da vida profissional

Objetivo — Retomar aspectos importantes do passado de cada um, tendo em vista a importância de se resgatar o passado e tentar projetá-lo no futuro para poder decidir o momento presente (vide referencial teórico sobre a questão do tempo). Essa técnica é muito bem aceita no trabalho de reorientação e permite ao psicólogo trabalhar diversos aspectos referentes às escolhas passadas do orientando.

Procedimento — Representar, por meio de um gráfico (feito a partir da criatividade de cada um), as idades mais importantes, as brincadeiras, as profissões que conheceram em cada fase de suas vidas, desde o nascimento, a infância, a adolescência, o momento atual, e como se imaginam daqui a dez anos profissionalmente.

Essa técnica, de uma forma simples e objetiva, possibilita à pessoa fazer um balanço de sua vida, visualizá-la dentro de um processo histórico: quando nasce, quais coisas estão acontecendo na sua família, com seus pais, qual a situação da sociedade no sentido mais amplo. Como se desenvolveu a sua infância, quais fatos lhe marcaram e como se sentiu em cada situação. Em que fases sua vida teve alterações significativas, quais outros rumos poderia ter tomado.

Ao solicitar à pessoa para se imaginar daqui há dez anos, dá-se a ela a oportunidade de pensar no futuro e colocar-se no lugar de algum profissional, visualizando seus sentimentos, sua vida, sua rotina, em geral expressos segundo conceitos como experiências, satisfação, realização, gratificação e o que ela espera alcançar no seu futuro.

Observa-se a dificuldade dos jovens de projetarem-se no futuro, e esse é um dos motivos que os levam a procurar auxílio. É importante, portanto, trabalhar esse aspecto, pois as fantasias sobre esse projeto já existem, o difícil é transpô-lo para o real e aceitar os seus limites e as prováveis frustrações. As pessoas muitas vezes preferem ficar com seus sonhos a torná-los realidade.

11) Autobiografia

Objetivo — Aprofundar o conhecimento mútuo e de si mesmo, fortalecendo o processo de integração da dimensão temporal passado—presente. Essa técnica possibilita uma retomada da história de vida para os reorientados e, portanto, uma boa elaboração pessoal da questão pessoal *versus* profissional dos conflitos relacionados à vivência profissional.

Procedimento — O coordenador fala durante alguns minutos sobre a importância para o conhecimento de si mesmo da integração de todas as etapas da vida pessoal, isto é, do passado, presente e futuro.

1º momento, individual — Pede-se a cada membro que redija a sua autobiografia a partir da proposição "por que estou aqui, agora", destacando aspectos significativos do seu desenvolvimento vocacional desde a infância. (Essa tarefa pode ser feita em casa.)

2º momento, em pares — Cada um apresenta a sua redação ao colega e faz alguns comentários.

3º momento, grupal — Relato da experiência vivida, enfatizando-se a percepção de cada um sobre o colega, ressaltando pontos comuns e diferentes.

A fala do coordenador no início do grupo deve deixar bem claro o objetivo do exercício, pois muitas vezes os jovens mostram-se desmotivados por não entenderem a relação dessa tarefa com o seu momento atual de dúvida.

O coordenador deve estar atento às conversas em duplas, dado seu interesse em colher informações sobre os relatos para uma maior compreensão da situação de cada jovem. No final, o material escrito é entregue ao coordenador para seu conhecimento integral. O material é guardado até a última entrevista, quando então é devolvido ao jovem.

A partir do relato da experiência de cada um, outros temas de interesse do grupo são discutidos, como a inserção de cada um na sociedade a partir da sua situação específica de nascimento (socioeconômica e cultural) e em que medida esse fato influi na sua decisão.

Muitas vezes, mediante a autobiografia, os jovens fazem um desabafo, caracterizando-se como um pedido de ajuda. Daí o critério de esta ser lida e discutida no grupo poder ser substituído pela leitura pelo coordenador e posterior entrevista com o jovem em questão. Já houve casos nos quais por meio da autobiografia foram detectados conflitos pessoais importantes que estavam impedindo a escolha profissional, tendo sido feito o encaminhamento para psicoterapia.

12) Autobiografia[2] (futuro)

Objetivo — Auxiliar o jovem a pensar a integração temporal do seu eu, projetando-se no futuro e planejando os passos a serem dados para este ser alcançado.

Procedimento — Solicitar a realização de uma redação tentando responder à seguinte questão: Quem sou eu? Eu sou... (profissional escolhido).

Sugere-se ao jovem que se imagine no futuro desempenhando tal profissão, bem como relate a sua vida diária, como se sente realizando as atividades, seus momentos de alegria e satisfação, seus momentos de cansaço e tristeza.

Comenta-se com a pessoa os sentimentos despertados ao fazer sua autobiografia, suas dificuldades e até o fato de não conseguir realizá-la. A realização da redação leva o jovem a projetar-se no futuro, a imaginar como ele quer vir a ser e em que medida a profissão escolhida responderá à sua expectativa.

Em alguns casos, o fato de imaginar o seu dia-a-dia leva o jovem a ter condições mais realistas para decidir. Por exemplo, um jovem estava indeciso entre seguir a carreira militar e o curso de química. Ao escrever sobre o cotidiano do exército percebeu o quão maçante lhe parecia ter de obedecer a horários, normas, exigências e toda a hierarquia militar, dando-se conta de que não era aquele tipo de vida desejada para si, optando portanto pela química.

13) Técnica do *feedback*

Objetivo — Possibilitar ao jovem um maior conhecimento de si mesmo a partir do confronto das percepções que tem dele próprio com aquelas de pessoas que lhe são significativamente importantes.

Procedimento — Solicitar ao jovem que converse com pessoas que o conheçam bem, como familiares, amigos, professores

---

2. Esta atividade deve ser realizada no final do processo, pois é muito difícil para o jovem projetar-se no futuro no início dos trabalhos.

etc. para lhe descreverem suas características mais marcantes e a relação com alguma profissão a ser escolhida.

Ao perguntar aos outros como cada um percebe o jovem, esta será uma oportunidade de receber *feedback* de pessoas que o conhecem bem. Isso o ajudará a se conhecer melhor, bem como a constatar como está se mostrando para os outros, ou seja, se está de acordo ou não com a sua própria percepção.

No relato de jovens que já trabalham e têm uma profissão, eles são vistos dentro desse determinado papel e os outros não conseguem imaginá-lo em outra atividade. Por exemplo, uma jovem trabalha há muito tempo como professora pré-escolar, e também gostaria de realizar algum trabalho ligado à arte. Ela é vista, pelas pessoas com quem convivem, apenas como professora e não como uma possível artista.

Em casos dos não profissionalizados, ocorre uma diversidade de profissões sugeridas pelas pessoas. Estas, muitas vezes, baseiam suas opiniões em lembranças de comportamentos e interesses demonstrados pelos jovens ao longo de suas vidas, desde a infância. Muitas vezes as sugestões feitas surpreendem o jovem, por nunca ter pensado anteriormente nas habilidades reunidas para realizar determinada profissão.

14) Técnica do *feedback* grupal

Objetivo — Possibilitar que cada jovem participe das escolhas de seus colegas e os apóie, bem como dê e receba *feedback* a respeito de suas próprias escolhas.

Procedimento — Solicitar aos membros do grupo que falem sobre suas percepções em relação a cada um dos colegas e digam qual, na sua opinião, seria a melhor escolha para aquela pessoa.

Essa técnica deve ser aplicada somente no final, quando o grupo já tem um conhecimento maior de todos os seus membros. Visa levá-los a participar ativamente do processo de decisão de cada um. Auxilia a desmanchar a expectativa de que o coordenador do grupo é o único que pode e sabe dar o seu parecer. Por eles já estarem trabalhando juntos sobre o assunto há algum tempo, suas contribuições são muito valiosas para o crescimento pessoal.

Esse exercício foi proposto por um dos grupos coordenados pela autora. Sua realização deu-se de forma muito espontânea e descontraída, contando com a participação de todos. As pessoas observam muitas coisas importantes sobre os colegas durante os encontros e neste espaço têm a oportunidade de comentá-las.

Técnicas de informação profissional

15) R-O e a informação profissional

Esta técnica baseou-se inicialmente na técnica R-O descrita por Bohoslavsky (1981: 157-72), sendo fundamental a leitura do capítulo "A informação ocupacional em orientação vocacional" antes da sua utilização. Com a prática fui transformando-a e acrescentando novos procedimentos. Sua aplicação completa não pode ser feita em apenas um encontro. Sugere-se de dois a três encontros para ser trabalhada com profundidade. Para a sua realização é preciso providenciar anteriormente canetas hidrocor e cartões (de cartolina ou não) de aproximadamente 8 cm x 4 cm.

Em geral, divide-se o grupo em dois subgrupos, sendo o número de quatro a cinco pessoas o ideal para a realização desse trabalho, pois dá oportunidade para todos participarem. Para ser mais bem apresentado dividiu-se em diversos momentos, sendo sua estrutura atual a seguinte:

1º momento:

Objetivo — Pensar nos diversos profissionais conhecidos pelo jovem, propiciando um resgate de suas próprias experiências com eles.

Procedimento — Solicitar a realização de uma lista de profissões com formação universitária ou não. (Pode ser feita em casa.) Esta deve conter o maior número de profissionais possível. É importante ser feita uma pesquisa com as pessoas mais próximas, bem como observações do cotidiano das profissões.

2º momento:

Objetivo — Tornar o contato com as profissões mais ativo e concreto, como também operacionalizar a técnica para os próximos passos.

Procedimento — Escolher, dentre os profissionais da lista, aqueles para serem escritos nos cartões.

O fato de se solicitar a escolha de alguns nomes a serem escritos já leva o jovem a exercitar o ato de escolher determinadas profissões e rejeitar outras.

3º momento:

Objetivo — Levar os jovens a sistematizar o conhecimento que já possuem sobre as diversas profissões, bem como trocar informações com os outros participantes do grupo.

Procedimento — Discutir sobre cada um dos profissionais escolhidos, procurando responder às seguintes perguntas: O que é? Onde trabalha? O que faz? Quais as características das pessoas que desempenham essa profissão?

Com esse debate pode-se também trabalhar os estereótipos e conhecimentos distorcidos em relação às profissões. O vínculo estabelecido com as diversas ocupações está relacionado às relações afetivas significativas para aquela pessoa. Fato esse que pode prejudicar a sua visão da profissão tal como ela é. Os participantes demonstram o quanto eles já sabem sobre os diversos profissionais e por quais, dentre aqueles, eles demonstram maior interesse. A dificuldade reside em assumir com maior coerência o que se sabe ou se diz e o que realmente se faz.

4º momento:

Objetivo — Organizar e estruturar as diversas áreas profissionais.

Procedimento — Solicitar que separem os cartões, dividindo-os em grupos de acordo com as semelhanças e relações existentes entre os profissionais.

Ao solicitar a separação em grupos dos diversos profissionais, buscando as semelhanças e diferenças, estamos permitindo ao jovem organizar o seu conhecimento sobre estes de forma sistematizada, encontrando, entre as diversas profissões, os critérios que, segundo eles, explicam por que determinados profissionais pertencem a uma mesma área. Geralmente uma grande discussão se estabelece, em que todos se sentem envolvidos. O coordenador incentiva o debate na busca de mais argumentos para explicar os agrupamentos.

5º momento:

Objetivo — Conscientizar os aspectos comuns dos diversos grupos profissionais.

Procedimento — Nomear os grupos conforme o que é comum, isto é, o que faz todos aqueles profissionais serem agrupados num mesmo conjunto, qual o critério escolhido pelo grupo para formar aqueles agrupamentos profissionais.

Essa atividade leva o grupo muitas vezes a refazer os agrupamentos, pois os analisando observam uma fraca consistência em relação ao nome dado. Muitas vezes o grupo não chega a um consenso, sendo necessária a busca de uma solução para o impasse.

6º momento:

Objetivo — Desafiar o grupo quanto aos argumentos utilizados no agrupamento das profissões, constatando as diferenças existentes.

Procedimento — Cada subgrupo apresenta o seu trabalho aos colegas e explica as razões dos agrupamentos. Os colegas farão as perguntas necessárias para seu entendimento, além de poderem emitir suas opiniões.

Neste momento é estimulado o debate, visando aprofundar os aspectos levantados nos agrupamentos, bem como mostrar as diferenças existentes, dependendo do ponto de vista pelo qual é analisado cada conjunto de profissões.

7º momento:

Objetivo — Propor um primeiro movimento na busca de uma escolha definitiva.

Procedimento — Solicitar a escolha de um grupo com o qual mais se identifique e escrever numa folha de papel aquelas profissões mais importantes para si.

A partir de um conhecimento mais abrangente do rol de profissões, distribuídas em áreas, o jovem pode decidir-se de maneira mais objetiva. Ao pedir que escreva, o jovem sente-se mais comprometido com a sua escolha, pensando nas diversas motivações que o levaram a ela.

8º momento:

Objetivo — Trabalhar a decisão pessoal da escolha, levando o jovem a assumi-la como sua e não a projetando no resultado do teste.

Procedimento — Comparar o resultado do teste de interesse (quando este é realizado) com a escolha feita pelo indivíduo no momento anterior.

Os resultados são analisados pelos próprios jovens com o auxílio do psicólogo. Este explica o teste, sua concepção e forma de correção. Quando não coincidem o resultado do teste e a escolha feita, deve-se tentar encontrar os motivos. Estes podem estar ligados a fatores subjetivos que levaram o jovem a marcar atividades no teste não necessariamente ligadas ao seu interesse de tornar-se esse profissional. Alguns participantes obtêm um alto índice nas áreas humanas e sociais no teste e escolhem a área tecnológica como preferida. Isso se deve ao fato de os testes de interesses conterem inúmeras atividades que todos gostariam de realizar, como organizar festas, conversar sobre problemas dos adolescentes, auxiliar na orientação de pais, entrevistar pessoas etc., e não necessariamente ter como profissão.

9º momento:

Objetivo — Conscientizar as pessoas sobre os diversos sentimentos despertados quando as profissões revelam uma proximidade maior.

Procedimento — Montar uma família com as diversas profissões. Pode ser uma *suposta* família, conforme os interesses de cada um.

Durante a formação das famílias, o psicólogo analisa junto com o jovem os sentimentos despertados quando as profissões revelam um comprometimento afetivo maior. Observa-se, nas relações estabelecidas entre o jovem e a família proposta, uma tendência à idealização, ressaltando aquelas profissões pelas quais têm algum interesse e admiração. Muitas vezes são escolhidas para os filhos as profissões que os jovens gostariam de realizar, mas, como precisam optar por apenas uma, resolvem deixá-las para segundo plano. Geralmente a profissão mais importante para o jovem aparece como a do pai ou a da mãe. A elaboração do luto pelas profissões deixadas de lado poderá ser trabalhada nesse momento.

10º momento

Objetivo — Análise *crítica* da inserção das profissões no mercado de trabalho, sua ideologia, *status* — suas modificações atuais, devidas à modernização e à tecnologia.

Procedimento — Pede-se a um grupo que olhe a formação feita pelos colegas do outro grupo e analise: as diferenças, quais profissões ficaram em áreas diferentes nos dois grupos, quais os nomes dados para cada agrupamento, o que eles têm de *ideológico* por trás.

Esse momento é muito rico, e o grupo pode perceber como a estrutura do mundo ocupacional é complexa, a inexistência de certo e errado em termos de áreas profissionais e que a cada dia fica mais evidente a necessidade de os profissionais trabalharem em equipes multidisciplinares e de todos saberem um pouquinho de tudo para poder se integrar no mercado de trabalho.

16) Técnica da entrevista com profissional

Objetivo — Inserir a questão das profissões no contexto da realidade, permitindo um contato direto do jovem com o profissional e seu ambiente de trabalho.

Procedimento — Solicitar entrevistas com profissionais das carreiras de sua preferência. Oferecer-lhes um roteiro em que as principais questões são apresentadas. Estimula-se os jovens a se imaginarem no lugar do profissional e como se sentiram realizando o seu trabalho. Sugere-se observarem todas as coisas ocorridas no local visitado.

Essa tarefa é bastante importante para a decisão futura do jovem. Muitos voltam mais entusiasmados e com dados mais realistas da profissão escolhida. Outros percebem que sua expectativa não será alcançada com aquela profissão e procuram mais informações sobre outras.

Pode-se fazer um role-playing[3] das situações vivenciadas pelos jovens, encenando as próprias entrevistas como também o dia-a-dia dos locais visitados.

Muitas vezes o próprio ato de fazer ou não a entrevista traz alguns elementos para melhor analisar a situação de cada jovem. Uma jovem gostaria de fazer jornalismo e foi sugerido que ela visitasse o departamento de jornalismo da universidade e realizasse a entrevista com algum professor. Ela relata não ter tido coragem de ir ao departamento, pois se sentiu envergonhada de procurar alguém desconhecido para conversar. O grupo lhe mostra que esta é uma das atividades básicas do jornalista (entrevistar pessoas desconhecidas) e talvez, no momento, ela não esteja preparada para esse tipo de trabalho. Outras questões sobre a atividade do jornalista devem ser analisadas em razão da situação dessa jovem.

17) Profissões antigas

Objetivo — Inserir a questão do trabalho no contexto histórico e cultural. Analisar o desaparecimento de algumas profis-

---

3. Técnica do psicodrama, significa jogo de papéis.

sões em virtude do desenvolvimento tecnológico ao qual estamos sujeitos.

Procedimento — Solicita-se a realização de entrevistas com pessoas idosas, a fim de pesquisar com elas profissões que existiam e hoje não existem mais ou estão desaparecendo. Analisar junto com elas os motivos de tal extinção.

A realização dessa atividade tem-se mostrado muito útil para o jovem perceber o aspecto histórico do mundo das profissões. E também é um *motivo* para a pessoa procurar seus avós e conversar sobre a questão da sua escolha profissional. Configura-se uma oportunidade de conhecer melhor o trabalho desenvolvido por seus avós, sua satisfação no trabalho e o que eles esperam de seus netos.

Técnicas para trabalhar a ansiedade diante do vestibular

18) Vivência sobre a cena da prova do vestibular

Objetivo — Vivenciar a ansiedade perante situação do vestibular e conscientizar sobre as expectativas e os temores.

Procedimento — Fazer um *role-playing* da situação do vestibular. Solicita-se que imaginem-se chegando ao local da prova, na sala para a qual foram designados: como é esta sala, que tipo de pessoas encontraram, como são recebidos, o que vêem ao entrar na sala etc. Logo após inicia-se a prova: como se sentem, se sabem responder às questões e preencher o cartão de resposta (podem ser fornecidos cartões) etc. Deixa-se a cena acontecer até que os sentimentos mais importantes possam ser reconhecidos pelos membros do grupo.

Ao final são discutidos os sentimentos despertados e a elaboração destes. Outras cenas podem ser propostas, dependendo dos conteúdos surgidos nesta e da criatividade do psicólogo. A dramatização da cena do vestibular permite a tomada de consciência das fantasias e angústias em relação ao vestibular e ao medo de ser reprovado — o que isso pode significar para si mesmo e para sua família.

19) Vivência sobre o vestibular

Objetivo — Trabalhar o significado social do vestibular e as angústias e pressões vivenciadas pelo jovem.

Procedimento — Coloca-se uma cadeira na frente do grupo e solicita-se para cada um que imagine o vestibular sentado na cadeira. Logo após, cada um demonstrará todos os sentimentos em relação a ele.

Neste momento os temores são personificados e projetados sobre a cadeira. Muitos consideram o vestibular um monstro, e podem colocar para fora toda a raiva contida. Outros falam da injustiça social, quando tão poucas vagas são oferecidas para um número tão grande de interessados.

Técnicas de avaliação do trabalho

20) Avaliação por meio do cartaz

Objetivo — Avaliar o trabalho desenvolvido nos aspectos de crescimento pessoal e grupal, comparando com as expectativas do início do processo.

Procedimento — Solicita-se a realização de uma colagem, apresentando a avaliação pessoal do processo de orientação profissional, demonstrando o seu crescimento pessoal e o do grupo. O coordenador e seu auxiliar também realizam a tarefa. O material utilizado será cartolina, revistas, tesouras, colas etc. e o cartaz das expectativas, desenvolvido no primeiro encontro.

O procedimento na apresentação dos cartazes é o mesmo do primeiro encontro. Comenta-se sobre a evolução do processo de cada pessoa, em que medida suas expectativas foram alcançadas ou não, o que foi proveitoso na participação desse trabalho etc.

Em geral observa-se a evolução por uma maior integração com a realidade. Os jovens percebem a questão temporal da escolha — esta exige um tempo, um amadurecimento — e a importância das informações sobre as profissões. Eles se sentem mais capacitados a procurar o seu próprio caminho.

21) Auto-avaliação

Objetivo — Avaliar o trabalho proposto, ou seja, se os objetivos foram atingidos e se a metodologia grupal foi adequada para este grupo.

Procedimento — Solicitar aos jovens que completem as frases a seguir:

a) O que eu sentia quando:
   participava dos encontros...
   realizava as tarefas solicitadas...
b) Antes de iniciar a orientação profissional eu me sentia...
c) Agora estou me sentindo...
d) A orientação profissional me auxiliou nos seguintes pontos...
e) A orientação profissional não me auxiliou nos seguintes pontos...
f) Quais as atividades de que:
   mais gostei (por quê)?...
   menos gostei (por quê)?...
g) O que sentia quanto:
   ao tipo de trabalho proposto...
   ao fato de ser em grupo...
h) Sugestões e críticas

22) Entrevista final

Objetivo — Avaliar individualmente a escolha profissional do jovem e sua compreensão dos diferentes motivos que interferem na escolha de determinada profissão.

Procedimento — De posse de todo o material realizado pelo jovem durante o processo grupal, o orientador pede ao jovem que comente como foi para ele próprio participar do grupo, em que medida ele se sentiu auxiliado e compreendido em suas necessidades. O orientador apresenta suas observações; com freqüência estas coincidem com a percepção do jovem sobre si mesmo. Em alguns casos, essa entrevista pode ser aprofundada, sendo trabalhadas questões não referidas no grupo, e se estender por mais encontros, se necessário. O encaminhamento para outro tipo de atendimento, como o acompanhamento terapêutico, deve ser feito quando o orientador constatar a necessidade.

Nessa entrevista, em geral, o psicólogo confirma a observação realizada ao longo do processo grupal, sobre o aproveitamento e crescimento pessoal de cada membro do grupo. Na maioria das vezes eles se sentem mais amadurecidos e com mais condições de escolher.

7

Considerações finais

É difícil escolher... é difícil ser feliz... a universidade não vai resolver o meu problema... a sociedade exige que se estude... não existem condições para todos estudarem... a família espera muito de seus filhos... é difícil passar no vestibular... para que estudar?... os pais querem "o bem" de seus filhos... o que eu queria mesmo não tem na universidade... facilita a gente conversar e trocar experiências... ajudou a enxergar e avaliar as profissões... parou de estudar... algumas idéias novas surgiram... por que tem que ter este tal vestibular?... meu pai quer que eu seja médico... eu quero me decidir sozinho... ter uma realização profissional... um futuro tranqüilo e feliz... é bom saber que não sou só eu... agora sim, já sei o que eu quero... descobri que existem outras profissões... é uma competição, uma guerra, cada um é o rival do outro para aquela mesma vaga... se tivesse grana para fazer um cursinho!... não fez ter nenhuma certeza... lá eles só aplicam teste na gente... gostei de ouvir ele falar sobre a profissão do pai dele... e vocês não vão aplicar uns testes?... o governo cortou novamente a verba para a educação... eu vim procurar um teste que diga qual é a minha vocação... me sinto insegura quanto a qual profissão devo seguir... tentar ver brilhar novos horizontes... que eu possa ter mais segurança profissional... quero me independentizar de meus pais... vou fazer direito porque meus pais querem, depois entrego o diploma para eles e vou fazer a minha vida... não dou para nada, não sei fazer nada... gosto de ler sobre eletrônica, já tenho duas coleções... se eu pudesse, estudaria veterinária, mas não tem curso aqui...

se tu não sabes o que queres por que não fazes medicina?... tenho medo, que eu sou muito nervosa... é, porque pode ter idéia fixa também... não sei se eu gosto... não tenho certeza... vou continuar tentando... mas tu gostas mesmo de engenharia?... administração eu já tentei... é que eu já estou assim desesperado... e tu não sabes se tu gostas... tu falaste na inscrição do vestibular... a ansiedade pela expectativa que não era a dele... tudo bem se não passar... eles sempre esperam o sucesso... estudou tanto e agora não passa... o pai vai ficar frustrado... vou ter que ir estudar noutra cidade... será que vou conseguir ser um bom dentista?... mas eu não tenho nenhuma aspiração... me atrai fazer fotografia... meu pai não se realizou na sua profissão... não tenho dinheiro para sustentar uma universidade paga... e o governo continua sem dar resposta aos professores... se a gente voltasse às aulas... e o vestibular vai sair?... e se a greve não terminar?... porque só a educação não é atendida... preciso estudar mais no cursinho... acho que vou rodar... meu pai queria ter feito agronomia, mas trabalha no banco... mas por que será administração... estudar Letras, seria um preconceito da parte dela... trabalhar e estudar ao mesmo tempo... vestibular?... e a angústia continua...

> *[...] um homem se humilha*
> *se castram seus sonhos*
> *seu sonho é sua vida*
> *sua vida é o trabalho*
> *e sem o seu trabalho*
> *um homem não tem honra*
> *e sem a sua honra*
> *se morre, se mata*
> *não dá pra ser feliz,*
> *não dá pra ser feliz.*
>
> Gonzaga Jr.

É parando para pensar, parando para escutar que nos damos conta do quanto o trabalho é importante em nossas vidas e do pouco que paramos para pensar se estamos felizes com aquilo que fazemos.

Poder escolher, isso seria o melhor! Mas é possível? Escolher ou ser escolhido? Escolhe-se ou bem se é escolhido?

O trabalho preenche grande parte de nossa vida. Pensar, questioná-lo, compreendê-lo é uma tarefa que cabe a todos os profissionais. Discutir sobre o trabalho e pensar melhor sobre a possibilidade de escolhê-lo é uma tarefa muito árdua, pois está sempre colocando em dúvida a nossa própria escolha.

Trabalhar! Mais da metade da nossa vida é passada no trabalho! Cinco dias da semana de sete; oito horas do dia de 12 (as outras 12 são noite); 11 meses do ano de 12, 35 anos da vida de 70. Será que para dispor de tanto tempo assim não seria justo que todos pudessem escolher aquilo de seu maior interesse?

A todo tempo, em todos os espaços, em qualquer lugar, sempre a dimensão do trabalho está presente na vida do homem. Essa dimensão extrapola a questão do jovem.

Ao escrever, passavam em minha lembrança imagens de cenas que vi:

- ... uma criança brincando com o seu caminhãozinho e o pai preocupado com "o que ele vai ser quando crescer".
- ... um jovem, com 16 anos, na fila da inscrição do vestibular, cheio de medo, não sabendo preencher a ficha, nervoso e sem graça, se perguntando: "Que faço? O que estou querendo aqui nesta fila?".
- ... um pai, esperando aflito o resultado do último exame vestibular da federal: "Será que meu filho vai passar?".
- ... um universitário, depois de passado o primeiro momento de euforia do ingresso, sem saber o que fazer.
- ... outro universitário, colando cartazes do DCE, distribuindo panfletos, querendo fazer da universidade aquilo que ele imaginava e queria que fosse.
- ... um profissional, feliz, realizando o seu trabalho, agora já com certa maturidade e confiança naquilo que faz.
- ... outro profissional, desiludido, pois não era nada disso o que imaginava para si.

Assim, muitas outras cenas foram passando em minha lembrança e cada vez mais sentia a necessidade de continuar escrevendo e registrando tudo o que percebia.

A dúvida, o medo, a insegurança todos nós sentimos. Alguns assumem, outros projetam para fora. Não temos muitas opções.

Antes mesmo de escolher já somos escolhidos, e conforme a crença, ideologia ou filosofia em que se acredite, esta terá uma explicação:

- se for pela religião, se entende como um chamado de Deus;
- se for pela psicanálise, se explica como determinada pelo inconsciente;
- se for pelo marxismo, é o modo de produção e as relações econômicas;
- se for pela astrologia, é a configuração dos planetas no momento do nascimento e suas influências posteriores.

Para muitas pessoas é melhor deixar para o inatingível, o inobservável, o invisível a decisão de seu futuro.

Muitas explicações podem ser dadas; aqui relacionei alguns dados da realidade em que vivo. Acredito que podem não ser suficientes... são, porém, necessários.

Referências bibliográficas

ADLER, Alfred. *A ciência da natureza humana.* São Paulo, Nacional, 1965, 264 pp.

ALVES, Rubem. *Estórias de quem gosta de ensinar.* 3ª ed. São Paulo, Cortez, 1984, 108 pp.

BARBARA Simone. *Romper para viver.* Rio de Janeiro, Rosa dos Tempos, 1998, 169 pp.

BLEGER, José. *Temas de psicologia.* Entrevista e grupos. São Paulo, Martins Fontes, 1980, 113 pp.

BOHOSLAVSKY, Rodolfo (org.). *Lo vocacional; teoria, técnica e ideologia.* Buenos Aires, Ediciones Busqueda, 1975, 156 pp. Publicado em português pela Cortez Editora em 1993.

_____. *Orientação vocacional; a estratégia clínica.* São Paulo, Martins Fontes, 1981, 221 pp.

CANEDO, Ingrid. Reorientação profissional na aposentadoria. In: Lisboa e Soares (orgs.) *Orientação profissional em ação: formação e prática de orientadores.* São Paulo, Summus, 2000.

CHANLAT, Jean-François. Quais carreiras e para qual sociedade? *RAE — Revista de Administração de Empresas,* São Paulo, v. 35, n. 6, pp. 67-75, 1995.

CHAUÍ, Marilena. Ventos do progresso; a universidade administrada. In: *Descaminhos da educação pós-68.* São Paulo, Brasiliense, 1980, pp. 31-56.

CIAMPA, Antônio da Costa. Identidade. In: Codo e Lane (orgs.). *Psicologia social; o homem em movimento.* São Paulo, Brasiliense, 1984, pp. 58-75.

COOPER, David. *A morte da família.* São Paulo, Martins Fontes, 1980, 175 pp.

COUREL, Raúl. Problemática para la orientación vocacional; la ideologizacion del campo. In: Bohoslavsky: *Lo vocacional; teoria, técnica e ideologia.* Buenos Aires, Ediciones Busqueda, 1975, 156 pp.

COUTINHO, Maria Chalfin. Subjetividade e trabalho. In: Soares-Lucchiari, D. H. P. *Pensando e vivendo a Orientação Profissional.* São Paulo, Summus, 1993.

DE GAULEJAC, Vincent. *La névrose de classe*. Paris, Hommes & Groupes Éditeurs, 1987.

FANTINO, Ana Maria. Un aspecto social de la orientacion vocacional; prestígio y elección de carreras. In: Bohoslavsky: *Lo vocacional, teoria, técnica e ideologia*. Buenos Aires, Ediciones Busqueda, 1975, 156 pp.

FERRARI, Alceu. Preparação para o trabalho: considerações de um sociólogo. *Educação e Realidade*. Porto Alegre, 9(1): 27-38, jan./abr. 1984.

FERREIRA, Aurélio Buarque de Holanda. *Novo dicionário da língua portuguesa*. 2ª ed. Rio de Janeiro, Nova Fronteira, 1975.

FERRETI, Celso. Considerações críticas a respeito da orientação vocacional. *Educação e Sociedade*. São Paulo, 4(10): 89:105, set. 1981.

_____. *Uma nova proposta de orientação profissional*. São Paulo, Senac, 1982.

FIGUEIRA, Sérvulo. O moderno e o arcaico na família brasileira: notas sobre a dimensão invisível da mudança social. In: Figueira: *Uma nova família? O moderno e o arcaico na família brasileira*. Rio de Janeiro, Zahar, 1987.

FRANCO, M. Aparecida & CASTRO, Claudio. A contribuição da educação técnica à mobilidade social. *Cadernos de Pesquisa*. São Paulo, (36) 41-66, fev. 1981.

GARCIA, Misgley. Reorientação profissional em grupo — planejamento por encontro. In: Lisboa e Soares (orgs.): *Orientação profissional em ação: formação e prática de orientadores*. São Paulo, Summus, 2000.

KRAWULSKI, Edite, SIQUEIRA, Márcia & SOARES, Dulce. Re-orientação profissional, orientação e processo de escolha: notas sobre experiências vividas. *Revista de Ciências Humanas*, n. 28, out. 2000, pp. 81-100.

LIDZ, Theodore. *A pessoa*. Porto Alegre, Artes Médicas, 1993. (1ª edição, Barcelona, 1973)

LISBOA, Marilu. A formação de orientadores profissionais: um compromisso social multiplicador. In: Lisboa e Soares (orgs.): *Orientação profissional em ação: formação e prática de orientadores*. São Paulo, Summus, 2000.

MOFFATT, Alfredo. *Terapia de crise; teoria temporal do psiquismo*. São Paulo, Cortez, 1982, 152 pp.

MONTEIRO, José. Educação brasileira; mito e realidade. *Educação e Realidade*. Porto Alegre, 5(1): 71-86, jan./abr. 1980.

MORENO, J. L. *Psicodrama*. 2ª ed. São Paulo, 1978, 492 pp.

MOSQUERA, Juan. *Vida adulta, personalidade e desenvolvimento*. Porto Alegre, Editora Sulina, 1978.

MULLER, Marina. *Orientación vocacional*. Buenos Aires, Miño e Dávila editores, 1986. Publicado em português pela Editora Arte Médias, Porto Alegre, 1988.

PELLETIER, Denis et al. *Desenvolvimento vocacional e crescimento pessoal*. Petrópolis, Vozes, 1982, 241 pp.

PIMENTA, Selma Garrido. *Orientação vocacional e decisão; estudo crítico da situação no Brasil.* 4ª ed. São Paulo, Loyola, 1984, 133 pp.

SANTOS, Maria de Fátima. *Identidade e aposentadoria.* São Paulo, EPU, 1990.

SCHEIN, Edgar. *Career anchors: discovering your real values.* Edição revisada, San Diego, EUA, Pfeiffer & Company, 1993. No Brasil publicado pela Nobel, com o título *Identidade profissional.*

SCHWARTZ, Gilson. *As profissões do futuro.* São Paulo, Publifolha, 2000.

SLAVUTZKY, Abrão. *Psicanálise e cultura.* Petrópolis, Vozes, 1983, 154 pp.

SOARES, Dulce Helena. Estilo cognitivo e escolha profissional. *Educação e Realidade.* Porto Alegre, 9 (2), maio/ago. 1984.

SOARES-LUCCHIARI, Dulce Helena Penna. Uma abordagem genealógica a partir do genoprofissiograma e do teste dos três personagens. In: LEVENFUS, Rosane. *Psicodinâmica da escolha profissional.* Porto Alegre, Artes Médicas, 1997.

_____. Choix Professionnel: projet des parents — projet des adolescents. (Tese de doutorado em psicologia), 1996. Universidade Louis Pasteur, Strasbourg, França. Publicada pelas Editions du Septentrion, em 1997a.

SOIFER, Raquel. *Psicodinamismos da família com crianças.* Petrópolis, Vozes, 1983, 271 pp.

SUPER, Donald & BOHN, Martin. *Psicologia ocupacional.* Atlas, 1972.

TEIXEIRA, Sérgio. Vestibular; ritual de passagem ou barreira ritualizada. *Ciência e Cultura,* 33(12): 1574-80, dez. 1981.

TRIVIÑOS, Augusto Nibaldo. Educação pelo trabalho. *Educação e Realidade.* Porto Alegre, 9(1): 39-72, jan./abr. 1984.

VEINSTEN, Silvia Gelvan. *Orientação vocacional ocupacional.* Buenos Aires, Centro Editor Argentino, 1977, 193 pp.

Bibliografia atualizada sobre o tema

ABOP — Revista da Abop. V1N1 (1997) e V2N1 e V2N2 (1998), V2N1 (1999).

ANAIS do III Simpósio de Orientação Vocacional/Ocupacional organizado pela Abop — ano de 1997 (Ulbra/RS),

ANTUNES, Ricardo. *Adeus ao trabalho.* São Paulo, Cortez, 1995.

BRIDGES, William. *Criando Você & Cia. Aprenda a pensar como o executivo de sua própria carreira.* Rio de Janeiro, Campus, 1998.

_____. *Mudanças nas relações de trabalho.* São Paulo, Makron Books, 1995.

CARVALHO, M. Margarida. *Orientação profissional em grupo.* Campinas, Psy, 1995.

DEJOURS, C. *A loucura do trabalho.* 5ª ed. São Paulo, Cortez, 1995.

KLEIN, Elianes, PIGATTO, Carmen & WISNESKY, Rejane. *Orientação profissional no contexto da deficiência auditiva.* Curitiba, Juruá, 2000.

KRAWULSKI, Edite. A orientação profissional e o significado do trabalho. *Revista da ABOP* — Associação Brasileira de Orientadores Profissionais. V2, N1. (5-19), 1998.

LASSANCE, M. Célia (org.). *Técnicas para o trabalho de Orientação Profissional em grupo.* Porto Alegre, Editora da Universidade, 1999.

LISBOA, Marilu & SOARES, Dulce Helena. *Orientação profissional em ação — formação e prática de orientadores.* São Paulo, Summus, 2000.

LISBOA, Marilu Diez. *Orientação vocacional/ocupacional — Projeto profissional e compromisso com o eixo social.* São Paulo, PUC/SP, Tese de mestrado defendida em 1995.

OLIVEIRA, Inalda (org.). *Construindo caminhos — Experiências e técnicas em orientação profissional.* Recife, UFPE, 2000.

RIFKIN, Jeremy. *Fim dos empregos.* São Paulo, Makron Books, 1996.

SELIGMAN-SILVA, Edith. *Desgaste mental no trabalho dominado.* São Paulo, Cortez, 1994.

SHEIN, Edgar. *A identidade profissional.* São Paulo, Nobel, 1995.

SOARES-LUCCHIARI, Dulce (org.). *Pensando e vivendo a orientação profissional.* São Paulo, Summus, 1993.

SOUZA, Maria de Fátima. *Identidade e aposentadoria.* São Paulo, EPU

TORRES, Maria Luiza Camargo. *Orientação profissional clínica.* Belo Horizonte, Autêntica, 2001.

Dulce Helena Penna Soares

Graduada em psicologia pela Universidade Federal do Rio Grande do Sul, fez sua formação clínica em Psicoterapia Psicodramática. Sua carreira acadêmica inclui um mestrado em Psicologia Educacional pela Faculdade de Educação da UFRGS. Sua dissertação foi publicada pela primeira vez em 1987, e, com as necessárias atualizações, serve de base para o presente livro. Doutorou-se em Psicologia Clínica pela Universidade Louis Pasteur, em Estrasburgo, França, e teve sua tese – *Escolha profissional: projeto dos pais e projeto dos filhos* – publicada pela Presses Universitaires de Septentrion, em 1997.

Dulce é professora do Departamento de Psicologia da Universidade Federal de Santa Catarina desde 1983, onde exerce atividades de ensino, pesquisa e extensão, lecionando no programa de pós-graduação da Universidade.

É coordenadora do Laboratório de Informação e Orientação Profissional (Liop) da UFSC. Foi presidente da Associação Brasileira de Orientadores Profissionais (Abop) na gestão 1997-99 e é membro do conselho de ex-presidentes, além de ter sido, em mais de uma oportunidade, editora da revista da entidade.

Entre suas publicações destacamos *Pensando e Vivendo a Orientação Profissional*, como organizadora e autora, e *Orientação Profissional em ação*, como co-organizadora e autora, ambas publicadas pela Summus Editorial. Além dessas, contribuiu também com artigos em outras coletâneas e numerosas revistas científicas nacionais e internacionais.

É membro da Associação Internacional de Orientação Escolar e Profissional desde 1987, participando a cada quatro anos de seus congressos.

www.gruposummus.com.br

IMPRESSO NA GRÁFICA sumago
sumago gráfica editorial ltda
rua itauna, 789 vila maria
02111-031 são paulo sp
tel e fax 11 **2955 5636**
sumago@sumago.com.br